世界教育思想文库

教育漫话

SOME THOUGHTS CONCERNING EDUCATION

[英]约翰·洛克 著

傅任敢 译

教育科学出版社
·北京·

致奇布勒地方的爱德华·葛拉克先生

（To Edward Clarke of Chipley，Esq.）

先生：

我的《教育漫话》现在出版了，按理说，这些“漫话”本是属于你的，因为它们是我在数年前为你写的，内容不出你在我的信札中所已知道的。除了次序跟原信发出的时间不一致以外，其余很少变动，读者看了我有些地方行文的随便与文体的风格，就很容易看出，这些漫话，与其说是一篇公诸公众的论文，不如说是一段朋友间的私人谈话。

有些人出版书籍，不敢承认那是自己的意思，往往推脱说是由于朋友的纵容。可是你知道，我这些文字假如不是朋友们听说之后，迫着要看，看了以后，又让它们刊行问世，它们的确是会按照原意，悄悄地躺在那里，不会发表出来的。不过我在见解上敬重的朋友们告诉我，说他们很以我的看法为然，说将这部草稿印出来也许有些用处，这种说法可触着了我一向不变的心思。**因为我觉得，尽心竭力地给祖国服务，乃是每一个人不可不尽的义务；谁若没有这种想法，他便与他家里的牲口没有什么区别了。**这个问题的关系很大，而正当的教育方法又是一件有益大众的事情，假如我的力能从心，我是不需要别人的纵容的。所以，这些文字尽管浅薄得很，我自己并不怎样看重它们，但我不能因它们的贡献太小而不把它们献给公众，我愿以此表示我的一点点心意。将来倘若还有跟我的朋友们怀着同样估计与见解的人，也都赏识这些文字，认为印了不算白费，那么，我便可以聊以自慰了。

近来时常有人和我谈到，说不知道怎样教养他们的孩子，近来大家又常有一种感慨，说青年人年纪轻轻地就堕落了，因而有人针对这个问题，表示一些意见，目的只在抛砖引玉，得到指正，我们总不能说他的举动是一点都不得当的。**因为教育上的错误比别的错误更不可轻犯。教育上的错误正和错配了药一样，第一次弄错了，决不能借第二次、第三次去补救，它们的影响是终身洗刷不掉的。**

我写了这点东西，自己绝对不敢矜夸有什么贡献。假若将来有人比我的能力更强，做这件工作比我更合适，好好写一篇合于我们英国绅士教育的文章，来指正我的错误，即使为你设想，我也是无所谓的。我个人只希望青年人能够得到最好的教导（这应该是大家所盼望的），并不一定要自己的意见被接受。不过你也得给我证明一下，证明我在这里所主张的教育方法对于一位绅士的孩子也曾有过一些意外的不平凡的影响。我并不是说这种好影响对于形成孩子的良好性格的关系不大，但是我想你和一般做父母的人一定都知道，那种与我的方法相反的教育儿童的方法却是不能改进他的本性的，是不能使他爱好书籍的，是不能使他耽嗜学问的，是不能和现在的情形一样，使他在受到大家认为应当受到的教导以外还想更多地受教的。

我的目的不是把这篇论文向你吹嘘，因为你的意见我早就知道了，同时，我也没有请你吹嘘或庇护及把它推荐给世人的意思。儿童应该受到良好的教育，这是一般做父母的责任，也是他们关心的事，而且国家的幸福与繁荣也靠儿童具有良好的教育。所以，我愿人人都认真想想这个问题，要把空想、习俗或理智用教育的主张仔细考察一番，辨别一下，然后伸出援助之手去到处提倡一种训练青年的方法，照顾到青年人的种种条件。这种方法是最容易、最简捷、最适当的，能为他们各自的职业准备有德行、有用、能干的人才的方法，但是最应该注意的还是绅士的职业。因为一旦绅士受到教育，上了正轨，其他的人自然就都能走上正轨了。

我不知道我在这篇短短的文字里，除了表示我对于教育问题的一片善良愿望以外，是不是还有一点点进一步的贡献，万一它还有些可取之处，那都是你的功劳。我之所以发愿来写这些文字，全是因为敬慕你的缘故，我能把你我这点友谊的迹象留给后世，在我真是一件愉快的事。因为我能和一位诚笃的、贤能的、高贵的爱国志士长久相亲相爱，这是我今生今世最大的幸福，也是我能够留在身后的最好的纪念。

你的最渺小的、最忠心的仆人约翰·洛克。1692年3月7日

教育漫话

健 康

1 **健康之精神寓于健康之身体**，这是对于人世幸福的一种简短而充分的描绘。**凡是身体精神都健康的人就不必再有什么别的奢望了。身体精神有一方面不健康的人，即使得到了别的种种，也是徒然。**人们的苦难或幸福，大部分是自己造成的。不善用心的人做事决不能够遵循正当的途径，身体孱弱的人，就是有了正当的途径也决不能获得进展。我承认有些人的身心生来就很坚实、健康，用不着别人多少帮助。他们凭着天赋的才力，自幼便能向着最好的境界去发展，凭着天赋的体质，能够做出奇迹。但是这样的人原是很少的。**我敢说我们日常所见的人中，他们之所以或好或坏，或有用或无用，十分之九都是他们的教育所决定的。人类之所以千差万别，便是由于教育之故。我们幼小时所得的印象，那怕极微极小，小到几乎觉察不出，都有极重大极长久的影响。**正如江河的源泉一样，水性很柔，一点点人力便可以把它导入他途，使河流的方向根本改变。从根源上这么引导一下，河流就有不同的趋向，最后就流到十分遥远的地方去了。

2 我觉得孩子们的精神容易引导到东或到西，正和水性是一般无二的，精神固然是人生的主要部分，而我们关切的主要是内心，可是心外的躯壳也是不可忽略的。所以，我打算首先谈谈身体的健康问题。大家都知道我对于这个问题格外研究过，我之所以先谈这个问题，大概你也早已料到了，这个问题的范围很窄，大概很快就可以谈完。

3 **我们要能工作，要有幸福，必须先有健康；我们要能忍耐劳苦，要在世界上做个人物，也必须先有强健的体格**；这种种道理都很明显，用不着任何证明。

娇生惯养

4 我现在所要讨论的健康问题，不是说医生对于有病的、身体脆弱的儿童应该怎么办，而是说，父母对于儿女的本来健康的，至少是没有疾病的体格，在不借助于医药的范围以内，应该怎样维护它，改进它。其实这个问题只要短短的一条规则就可以说清楚。这就是：绅士们对待儿女应该像诚笃的小康的农民对待子女的办法一样。不过，母亲们也许觉得我的方法有点过于严酷，父亲们也许认为我的说法太简短，所以我打算详细说明一下；只是我有一种一般而准确的观察，希望妇女们仔细想想。这就是**大多数儿童的身体，都因娇生惯养之故弄坏了，至少也受了损害。**

温　暖

5 第一件应该当心的事是：**无论冬天夏天，儿童的衣着都不可过暖**。我们初生的时候，面孔的娇嫩并不在身体其他部分之下。但是因为习惯了，它便较之其他部分受得起风寒了。所以从前雅典人看见大月氏（Scythian）的哲学家在霜天雪地中，赤身露体，觉得奇怪，大月氏哲学家的答复是挺值得玩味的。他们说："冬天气候酷寒，你们的面孔为什么受得住呢？"雅典人说："因为我的面孔习惯了。""那么，你把我的身体都看作面孔好了。"大月氏人说，**我们的身体只要从小养成习惯，它们是什么都受得了的。**

此外又有一个相反的、著名的例子，证明习惯的力量胜于过度的炎热，这是我在近来出版的一本颇有创见的游记上面看到的；我现在把作者的原文抄在下面。"他说马耳他（Malta）比欧洲任何地带都热；那热度还在罗马之上，闷得很厉害；加之又不常有凉风，所以更加难受。一般人都黑得像吉普赛（Gypsy）人一样；但是农夫们不怕太阳，他们每天在最热的时候还照常工作，一点也不躲避灼人的阳光。这就使我相信，只要我们从小习惯了，有许多看去似乎不可能的事情，我们的本性全是可以适应的。马耳他人就是用这种办法去锻炼他们的儿童，使他们不怕炎阳，儿童从出世起，一直到十岁止，全都一丝不挂，既没有衣，也没有裤，头上也没有遮盖。”

所以我劝你，像我们英国这种气候，你对于风寒是可以不必过于防范的。英国有些冬夏穿着同一套衣服的人，他们并没感到什么不便，也并不觉得比别人冷。万一做母亲的怕孩子受到霜雪的侵害，做父亲的怕因此受人指摘，对于霜雪要考虑，那么，千万可别让孩子的冬服过于温暖。此外还应记住：“自然”已经给孩子的脑袋好好地用头发遮住了，又给了它一两岁的时光的锻炼，他在白天跑来跑去固然可以不必戴帽子，晚上睡觉最好也不戴。脑袋戴得温温暖暖是最容易惹起头痛、伤风、发炎、咳嗽等等疾病的。

6　我说到孩子的时候，都是用个“他”字来代表，因为我这篇文字的主要目的是在讨论青年绅士从小至大的养育方法，对于女孩子的教育不见得全能适用；虽则不同的性别所需的不同的对待，并不是一件难于辨别的事。

脚・改变

7　**我主张每天用冷水洗他的脚**，鞋子应该做得薄，到了有水的地方，水要透得进去。说到这一点，恐怕做主妇的和做女仆的都会反对我。做主妇的会觉得太脏，做女仆的会怕洗起袜子来太麻烦。但是真理是这样的：孩子的健康比这种种理由都重要，重要十倍。假若大家想想那些娇养惯了的人，一旦脚上着湿了水，便要发生无穷的麻烦，大家就会觉得不如跟穷苦的孩子一道赤脚混大的好，穷苦的孩子赤脚惯了，脚已习惯了水湿，即使弄湿了脚，也和弄湿了手一样，不会多伤风，不会多发生什么害处。手脚之所以弄成现在这么大的区别，请问除了习惯以外还找得出什么原因呢？假如有一个人，从出生起就赤着脚，双手用“手鞋”（荷兰人把手套叫作“手鞋”）暖暖地包起来，那么，我想习惯久了，他的手若着了水，一定会和多数人的脚着了水一样的危险。预防的方法就只有把他的鞋子做得容易透进水去，同时天天不断地用冷水洗脚。洗脚有清洁的好处，固然是好，但是我所注重的尤在健康方面，所以关于每天洗脚的时间，我倒并不拘定。我知道有人每天晚上洗脚，成效很好，在冬天最冷的时候，一晚也没有间断。那时水面结了一层厚厚的冰，孩子还是把脚和腿浸到水里面洗浴，虽则那孩子还是年岁很小的，连自己擦脚拭脚都还不会，起初练习的时候，他还是哭哭啼啼，很娇弱的呢。我的主要目的是使儿童养成经常用冷水洗脚和腿的习惯，免得像那些娇生惯养的人一样，足部偶尔着了一点水，便要发生许多毛病。至于洗脚的时刻定在晚上，或是定在白天，我想可以由做父母的人斟酌决定，怎么方便就怎么定。只要洗脚的办法能够有效地做到，洗脚的时刻我认为没有什么关系。用这种办法所获得的健康，即使花费更大的代价去换取都是值得的。此外，冷水洗脚还有防止鸡眼的功效，这对于某些人尤其是一桩很有好处的事。不过起初练习的时候，顶好从春天起，最初用温水，然后把水渐渐加冷，不要多久就可以完全用冷水了，此后不分冬夏，都要照样洗下去。**因为我们在这件事情以及其他改变生活常规的事情上面，都只可以慢慢地变，不知不觉地变**，这样，我们的身体就可以适应一切，不会遭受痛苦与危险。

一般溺爱孩子的母亲对于我这个主张的态度是不难预料的。这样去对待她们的娇弱的宝宝，那不等于谋害他们吗？什么话！霜天雪地中，好不容易把脚弄暖和，却要孩子们把脚放到冷水里面去？让我举几个例子来祛除她们的恐怖吧，否则最明显的道理也是不易见信于人的。辛尼加（Seneca）在他的第 53 和第 83 封信里面告诉我们，说他自己在严寒的冬天也惯于在寒冷的泉水中洗浴。辛尼加的家境是很富裕的，完全有条件洗温水澡，而且那时候他的年纪也很老了，贪点舒服也很应该，假如他不是觉得洗冷水浴，除了忍受得住之外还有一些健康上的好处，他是不会那样干的。假如我们觉得他之所以这样刻苦，是受了禁欲主义（Stoicism）的影响，那么，就算他之所以能够忍耐寒冷是由于信从禁欲主义的缘故吧。但是冷水浴何以适于他的健康呢？因为他的身体并没有受到这种锻炼的损害。荷累斯（Horace）是不属于任何宗派的，更不相信一切矫情的禁欲主义的自苦办法，我们对于他的情形又有什么话说呢？但是他也告诉我们，说他一向在冬天都洗冷水浴。也许大家又觉得意大利的气候比英国暖和得多，他们的河水冬天不像我们的这么冷。但是，假如说意大利的河水比我们的暖和，那么，德国与波兰的河水总比我们的任何河流冷得多了，然而德国、波兰的犹太男女，一年四季，全身都在河水里面洗浴，他们的健康也没有受到任何损害。谁也不觉得这是一个奇迹，谁也不以为圣威廉佛勒井（St. Winefred's Well）有什么特性，所以那个著名的井里的冷水不会损害浴者的娇嫩身体。**现在人人都知道冷水浴对于帮助身体衰弱的人恢复健康是很灵验的；那么身体情况比较好的人用冷水浴的办法去增强和锻炼体格，可见并不是行不通的或受不住的了。**

假如大家觉得这些成人的例子对儿童不适用，觉得儿童的身体太娇弱，受不了这种锻炼，那么，请他们看看古代的德国人和现今的爱尔兰人对儿童的做法吧。他们连大家认为最娇嫩的婴儿都洗冷水，不独洗脚，而且洗全身，也没有任何危险。现在苏格兰高地的妇女，冬天都用这个办法去锻炼她们的孩子，即使水里面结了冰都没有什么害处。

游泳

8　孩子长到了能够学习游泳的年岁，而且有人教他游泳的时候，他应该学习游泳，这是不必由我在这里再说的。游泳可以救许多人的生命，所以罗马人把它看得很重要，把它和文学并列。他们有一句惯用的成语，形容一个人没有受到好教育，无用，就说**他既不知道读书，又不知道游泳**。但是游泳除了使他获得一种技能，以应付自己的急需而外，又因为在炎夏的时候，可以使他常常浸在冷水中洗浴，对于健康也有很多好处，想必是不要我来提倡的了。只是有一点应当注意，就是他在运动之后，身体发热，或者血脉偾兴的时候不能下水去游泳。

空　气

9　此外还有一件对于人人的健康都有很大的好处，尤其是有益于儿童健康的事情，**就是要多过露天生活，即使在冬天，也应尽量少烤火**。这样，他就既能忍受冷，也能忍受热，既能忍受晴，也能忍受雨了。若是一个人的身体连冷热晴雨都不能够忍受，那对于他在这世上没有什么帮助了。这种习惯若待他长大成人，才去着手养成，就已太晚。这种习惯要养成得早，要逐渐去培养。**只要着手得早，身体对于任何事情差不多都是可以忍受得了的。**假如我劝他不戴帽子到有风有太阳的地方去游戏，我想他是忍受不了的。他会有成千的理由来反抗，其实简简单单的是怕晒而已。如果我的少主人老是放在阴凉的地方，始终不让他受风吹，被日晒，免得伤了他的肤色，这种办法也许可以把他养成一个美貌的男子，可是不能把他教成一位有用的人才。女孩子对于容貌固然应该多注意一点，但是我敢说，**户外生活对于她们的面孔并没有损害，她们愈是多在户外生活，她们便愈强壮健康；她们愈是多受到像她们的兄弟们在教育上所受的锻炼，她们日后一生一世所得的幸福便愈大。**

习　惯

10　我知道，户外游戏只有一宗危险，就是怕他跑来跑去，跑得热了的时候，坐在或躺在寒冷或潮湿的地上。这我是承认的，而且他们劳动或运动得发热的时候，如果饮了冷饮料，那是最足以使人感受寒热等等疾病，病个半死，甚至于真个病死的。不过在他年幼的时候，随时有人照管，这种危险很容易防止。及他到了儿童时代，只要时时严格管教他，不准他坐在地上，渴了的时候，不准他喝冷饮料，那么一旦这种克制的功夫形成习惯之后，纵然到了没有女仆或导师照顾的时候，也就能使他自己照料自己了。我所想到的只有这个办法。**因为年龄增长，自由便应跟着来到。许多事情他都应该信托他自己的行动去应付，因为他不能永远受人监护，只有你给他的良好原则与牢固习惯，才是最好**

的、最可靠的，所以也是最应该注重的。因为一切告诫与规则，无论如何反复叮咛，除非实行成了习惯，全是不中用的。在这里是这样，在其他情况下也是这样。

衣 服

11 说到女孩子，我又想起一件事情来了，大家不可忘记，**就是令爱的衣服千万不可做得太紧，尤其是胸口一带。你应该让“自然”按照它所认为最好的方式去形成体态。“自然”自己所作为的比我们指导它去作为的不但好得多，而且精确得多。**假若妇女们当儿女在子宫里面的时候就能自己去形成儿女的体态，如同她们生下儿女之后能去修正他们的体态一样，我们根本就生不出完善的儿童了，正与穿着紧紧的衣服，百端束缚过的儿童很少身材优美的人是一样的道理。我想一般好事的人（我不必提到无知的看护与制作紧身上衣的人），如肯想想这层道理，她们对于自己并不懂得的事情就应该可以不去干预了。她们对于儿童体态的形成，一点都不知道，就应该不敢再去排斥“自然”的力量了。但是我还知道有许多儿童，因为衣着太紧，大大受了伤害，这真不能不使我感到世上除了猴子以外，还有一些动物，赋性比猴子并不聪明多少，只因对于自己的儿女无意识地过分爱抚，竟把儿女都给毁了。

12 胸部狭窄，呼吸短促，肺弱和佝偻，是紧身和狭小的衣服的必然的、而且几乎是常见的结果。原来是想使她腰部苗条，身材秀丽的，结果反而害了她们。身体上各种器官所预备的养料，“自然”不能照着本来的意思去分配，身体各部分的发育自然不会匀称。结果，身体上如果有些部分穿得不很紧扎，养料便都积在那些部分，因而长成了一个高于寻常或大乎寻常的肩背或臀部，那又何足为奇呢？……

我们不是常常看见有人因为脚部的某一小部分被扭、被打，受了伤害，因而整个腿部失去了力量与营养，以致缩小了吗？**胸部是心脏的所在，是生命的首府，一旦反乎自然地加以压迫，阻止它的正当的扩展，结果会更麻烦，不是可想而知吗？**

饮　食

13　**至于他的饮食**，应该极清淡、极简单。而且我主张在他年纪小，着童装的时候，至少在两三岁以前，应该禁止肉食。尽管禁止肉食对于他的目前与将来的健康都有好处，但是我怕做父母的人为习俗所误引，自己多吃肉类，对于这个办法是不容易赞成的。他们会以自己的想法去为儿童设想，以为一天至少要吃两次肉食，否则便会挨饿。我相信如果一般儿童不像现在的情形，不被溺爱的母亲和无知的仆人把肚皮填得饱饱的，在三四岁以前完全禁止肉食，他们小时候出牙的危险一定可以大大减少，一切疾病一定可以大大避免，而健康与强壮的身体基础也一定可以更确切地奠定下来。

万一我的少主人一定要吃肉食，每天也只可吃一次，每次只可吃一种。顶好是吃清淡的牛肉、羊肉、犊肉等等，除了饥饿以外不用别的调味品。此外要特别注意，他用餐的时候，无论有没有别的食品，都要多吃面包；无论什么坚硬的食物，要让他好好嚼碎。我们英国人对于这一点是不太注意的，所以跟着就产生了消化不良等等重大的疾病。

14　早餐晚餐可用牛乳、乳羹、稀粥、粥冻以及我们英国习用的种种食品，它们对于儿童都是顶合适的。只是有一点要注意，就是这种种食品**都要清淡，不必多加作料**，糖要少加，最好是不加。尤其是一切腊梅属的植物以及别种使血脉偾兴的东西，应该极力避免。他的一切食物里面，盐都不可放得太多，不可使他习于去吃味浓的肉类。**我们的味觉之所以嗜好美味，全是习惯养成的。**食品里面盐加得太多，不独容易使人口渴、过饮，而且对于身体还有别种害处。我觉得我的少主人的早餐最好是一块调制合宜、烘烤合度的黑面包，有时可以加点牛油乳酪，有时干脆可以不加。我相信他吃了这种早餐，既合于卫生，也能因此长成强壮的体魄，与吃得再好一点是没有分别的。他只要吃惯了，口味也不会有什么逊色。如果他在两餐之间还要吃东西，只可使他习于吃干面包。假如他比平常饿，有了面包就够止饿了；假如他并不饿，他根本就不该吃。用这种办法你可以得到两层好处：第一，他习惯了吃面包，他就会爱吃面包了，因为我说过，我们的口味和肠胃都是爱吃惯吃的东西的；第二，还有一宗好处是，你不至于使他吃得比自然所需要的更饱、更频繁。我并不是说人人的胃口都是一般无二的，有人的胃口生成好，有人的胃口生成弱。但是我总觉得有好些好吃的人都是习惯养成的，并非本来胃口好。我知道有些国家的人民每天只吃两餐，有些国家的人民却像闹钟一样，每天惯于吃上四五次，而前者体魄的坚实强壮，较之后者，并无愧色。罗马人即使每天吃一顿以上，也只有晚餐是固定的，他们通常要挨到晚餐才进食。至于那些加吃早餐的人，他们早餐的时刻，有在 8 点的，有在 10 点的，有在 12 点的，还有更晚一点的，餐中既没有肉吃，也没有预先备好的食物。奥古斯都（Augustus）是世界上一位最伟大的帝王，据他自己说，他也只在兵车里面随便吃一点点干面包。辛尼加在他的第 83 封信里面描写他自己的起居状况，也说他虽然到了年纪老大，可以享受舒适生活的时候，还是每天午餐照例只吃一块干面包，吃的时候连坐下的仪式都没有，虽则他是个有财产的人，假如健康需要他用比较丰盛的食物，即使加吃一倍，他也是有钱吃的，他的钱财较之英国任何人的财产都不会少。世间的伟大人物都是吃这么一点点长大的，而罗马的青年绅士也并不因为每天只吃一顿便觉得身体不强壮，或是精神不饱满。他们万一有人饿得挨不到他们唯一固定的晚餐时候，也只吃一点点干面包，至多也不过再加一点点葡萄之类的小东西，聊以充饥而已。**这种节制的精神无论在健康方面，还是在事业方面，都是十分必要的**，所以后来他们东征胜利，满载而归，社会风气，一时流于奢靡，而每日一餐的习惯仍旧坚持不变。其中有些放弃了固有的粗食淡饮的人，也爱吃吃筵席，但是不到黄昏时候是不举行的。 大家觉得每天吃了固定的一顿还再多吃，简直是一桩骇人听闻的事情，直到凯撒（Caesar）的时代，如果有人在日落之前去招宴宾朋，或赴筵席，还是要遭人责备的。所以，假如大家不以这种办法为过于刻薄的话，我以为我的少主人最好早餐也只吃点面包。习惯的力量你真不易想像得到，我认为我们英国人的大部分疾病全是由于吃多了肉食，吃少了面包之故。

用　餐

15　至于他的用餐时刻，我以为在可能的范围以内，最好不必常在一定的时刻。因为他如果养成了在固定的钟点用餐的习惯，他的胃到了那个时候便会等着食物的来到，万一到时没有食物，它便会出毛病。不是亢奋以至于饮食过饱，生出麻烦，便会弛懈以至于胃口不振，不思饮食。所以我不主张他的一日三餐都有一定的钟点，我主张进食的时间差不多要日日更换。如果他在这三次正餐之间还要吃东西，可以随时把良好的干面包给他吃。假如有人觉得这种饮食对于儿童太刻薄、太少，那么，他们应该知道，一个儿童午餐有肉吃，晚餐有羹汤等类东西可以果腹，此外想吃的时候还随时有面包与啤酒（beer），他是绝对不致挨饿的，也不至于因为营养不足而变得衰弱。所以我再三考虑之后，认为这是对待儿童的最好的方法。**早晨通常是念书的时候，吃得太饱是一种不良的准备。**干面包虽说养料最丰富，可是吸引人的力量也最小。凡是注意儿童的身心，不愿儿童变得昏昏沉沉和不健康的人，是不会让他早晨把肚皮填得太饱的。大家也不要以为有财产、有身份的人用这种方法不合适。一个绅士，无论年龄大小，都应该这样养育，使他拿得起兵器，能当一名兵卒。**凡是让儿子席丰履厚、优游岁月的人，都是不大知道看榜样，不懂得自己所处的时代的。**

饮　料

16　他的饮料只能用淡啤酒，而且不能在两餐之间去喝，只能在吃过面包之后进用。我说这句话的理由如下。

17　第一，身体燥热的时候，进饮料比别的事情都更容易使人发寒热与积食。所以，如果他玩得热了、渴了，面包便不容易吃下去；如果他只能在吃了面包之后进饮料，他便只好勉强忍耐，不进饮料。因为在他很热的时候，他是绝对不能进饮料的，至少也得先吃一块面包，匀出时间，把啤酒加热到与体温相等，喝了才没有害处。假如他真渴得厉害，啤酒这样热了再喝，它的止渴的效力便更大；假如他不能等到热了再喝，那么他不喝也没有什么妨害。而且他能因此学得克制的习惯，对于身心健康也是最为有利的。

习　惯

18　第二，他不先吃面包就不准他进饮料，又可防止他养成一种贪杯的习惯，贪杯对于良好的友谊是一种危险的开端和准备。人们常常通过惯例使自己养成习惯性的饥渴。假如你愿意，你可以让一个已经断饮了的孩子每晚进饮，久而久之，他不喝便睡不着了。看护们惯于用这个方法去止住儿童的啼哭，我相信一般做母亲的起初把孩子接回家里，要孩子晚上断饮是颇困难的。你要相信，无论昼晚，好饮都是个习惯问题，如果你愿意试试，你可以有办法使得一个人时时都觉得口渴。

有一次我住在人家家里，那家有个性情刚强的孩子，他们为了使他安静起见，每逢他一哭泣便给他喝，所以他一天到晚，总是喝个不停。那时候他连话都不会说，而每天 24 小时所喝的却已比我还多。你愿意的时候可以试试，无论喝淡啤酒还是浓啤酒，你都会喝得口干舌燥的。教育上应该当心的一件大事是看你养成什么习惯，所以在这件事情与在其余一切事情上面一样，如果你不打算让它继续下去，日益增长，你就不必让他养成习惯。饮料不可超过真正口渴的限度，这对健康与节约都有好处。凡是不吃咸肉，也不饮烈性饮料的人，他在两餐之间是不容易口渴的，除非他已经养成了滥喝的习惯。

烈性的饮料

19　**此外你要特别注意，不可让他喝酒或烈性的饮料**，即使曾经喝过，也万万不能常喝。在英国，通常最爱给予儿童的便是这种饮料，而这种饮料对于他们的害处也最大。无论哪种烈性的饮料，除非医生吩咐进用，当作兴奋剂，决不让他们喝。即使医生吩咐进用，你也得特别当心你的仆人，他们如果犯了规矩，就应严厉地予以惩戒。这种卑贱的人，自己把大部分的快乐放在烈性的饮料上面，他们总喜欢把他们自己最心爱的这种东西去逗取少主人的欢心。他们自己喝酒得了快乐，便无知地以为少主人喝了也没有害处。这是你要当心，要用尽全力去约束的，孩子们喝惯了烈性的饮料，尤其是私下和仆人们喝，其危害身心是没有什么能够比得上的。

水 果

20 水果是健康管理问题中最困难的一个问题，特别是在儿童的健康管理方面。我们的始祖是因为水果而牺牲了乐园的，无怪我们的孩子虽以健康为牺牲也禁不住水果的引诱啊。关于水果问题，不是任何一条一般的规则可以包括得了的，因为我并不像某些人一样，差不多希望儿童完全不吃水果，认为水果对于他们完全不卫生。采取这种严峻的方法的结果，儿童反而会更爱水果，只要有了水果就会不分好坏，不管成熟与否一味乱吃的。西瓜、桃子、多数的梅类，以及英国各种葡萄，我觉得儿童应该绝对不吃，因为它们的味道非常可口，但是汁液极不卫生。假如可能的话，最好根本不让他们看见，或是根本不使他们知道有这些东西。但是草莓、樱桃、醋栗或者覆盆子，只要完全成熟了，我觉得他们吃了完全没有害处，如果当心下列各点，他们还不妨稍微多吃一些。第一，不可照我们日常的办法一样，在餐后肚子吃饱了别的东西的时候再吃。我主张应该在餐前或两餐之间吃，儿童应该把它们当作早餐进用。第二，应与面包同吃。第三，要完全成熟了才吃。如果能够照这种办法去吃水果，我觉得它们对于健康是不徒无害，而且有益的。夏天的水果，正与出产时的热季时令相称，那时我们的胃部热得萎弱懈怠了，吃点水果正有清热提神的功效。所以关于这一点，我不像某些人对于儿童那样严格，因为太严格了，儿童不能得到一点点良好的水果去获得满足，一旦管束稍微松懈，或是仆人受贿供给他们，他们便连残余的水果屑都会狼吞虎咽，吃个过饱的。

梨子和苹果，只要完全成熟了，采下之后又经过了相当的时候，我想也可以随时吃，没有危险，尤其不妨稍微多吃些苹果，我知道在十月以后吃了是决不会损害人的身体的。

不用糖渍的干水果，我认为也是很卫生的。**但是一切糖果都应避**

免不吃，糖果的害处是对于做糖果的人多，还是对于吃糖果的人多，真是难说得很。**我相信买糖果吃是虚荣心所造成的最不合适的用钱方法**。这个问题我让太太们自己去决定好了。

睡眠

21 所有各种显得柔和的事件之中，睡眠是儿童最应多多享受的一件。**只有睡眠是儿童可以充分享受的，只有睡眠最能增进儿童的生长与健康**。唯一应该规定的一点是，一天24小时之间究竟哪一部分应当作为睡眠之用，这一点很容易解决。就是说，他们如能养成早起的习惯，那是再好不过的。**早起顶有益于健康**，如果有人能够从小养成一种固定的习惯，及时起床，毫不为难，那么，一旦成年之后，他就不会把他的生命之中最好最有用的时间去浪费在昏沉中、床褥上了。儿童早起，自然便得早睡，早睡的结果可使他们养成一种习惯，不去参加那种不健康、不安全的逸荡的夜生活。大凡早睡的人是很少有十分荡检逾闲的。我的意思并不是说，令郎长大成人之后，绝对不能在下午八点钟以后去跟人交际，也不是说他绝对不能在午夜的时候与人对酌谈心。我只是说，你要尽量在他年幼的时候，使他养成一种习惯，避免以上所说的种种行径；那么，将来他因不惯长夜不眠，他便会极力避免，而很少会去参加那种欢乐的夜生活了，这种好处是非同小可的。假如事情不能做得这样彻底，一方面还要顾到潮流与社交，要让他在20岁以后能够和别人一样生活，那么，在现在与20岁之间这一段时间，你也值得使他养成一种早起早睡的习惯，因为这是有利于增进他的目前的健康的，并且还有别的种种好处。

我虽然说过，儿童幼小的时候，应该多睡眠，甚至他们愿睡多久就可以睡多久；但是我的意思并不是说，他们长大以后，还该这么在床上昏沉沉地懒睡。不过，限制他们睡眠的时间，究竟应该从7岁起、10岁起，还是从别的岁数起，是难于精确地规定的。应该考虑他们的气质、健康与体质。不过若是到了7岁与14岁之间，他们还是过于贪睡，我想那时就可以着手去把他们的睡眠逐渐减少到每天8小时左右了，**健康**

的成人每天有了 8 小时睡眠通常是够休息了的。 假如你已经尽了你的本分，使他养成了永远早起的习惯，这种贪睡的毛病是很容易革除的，大多数的儿童因为晚上想和大家一道玩，他们自然会减少睡眠的时间。不过如果没有人照顾，他们也许会在早晨去补足晚上的睡眠，那是绝对不能容许的。每天一早都应该有人把他们唤醒起来，但是唤醒他们的时候，千万不可急遽从事，不可大声或尖声叫唤，也不可使用其他任何急遽巨大的声音。这是常会使得儿童受惊的，对于儿童的害处很大，睡得正甜蜜的时候，忽然这样被人惊醒，无论谁都要感得烦躁不安。唤醒儿童的时候一定先要低声呼唤，轻轻抚弄，使他们渐渐清醒起来，对他们只能施用温和的言词和温柔的动作，直到他们完全清醒，着好衣服，才算真正醒了。如果一味勒令他们醒来，那么，无论你的动作如何温柔，对他们来说都是够痛苦的。此外还要注意，不可使他们受到其他任何苦恼，尤其是能使他们吃惊一类的事情。

卧　床

22　他的卧床应该是坚硬的，宁可用絮绒，不可用羽绒。硬床可以锻炼身体，至于每夜睡在羽绒被褥里，却是消融体魄的，那是虚弱的原因，短命的先兆。 结石病的起因就是由于腰部穿着过暖之故，此外还有许多别的疾病，以及疾病之源的身体孱弱，大部分的原因都是由于羽绒床褥。而且凡是在家里睡惯了硬床的人，出外旅行的时候便不致因为床褥不软和，枕头没铺好，而有失眠之苦了（旅行时睡眠是最要紧的）。所以我主张他的床褥的铺法不妨时时加以改变，有时可以让他的头睡高一点，有时可以让他的头睡低一点，他在外面的睡法必然会遇到一些变动，这样才不至于感觉出来。因为他是不能永远睡在家里的床上，有女仆给他刻板地铺好一切东西，让他进入温柔之乡的。**“自然”给予人们的甘露是睡眠。** 凡是失眠的人便会受到痛苦；而只能在母亲的精致的金杯，不能在木质的粗碗里面饮到这种甘露的人，就是极其不幸的人。能够熟睡的人就能够饮到这种甘露；至于所睡的地方是柔软的床，或是坚硬的铺板，那都没有关系。唯一必要的事情是睡眠。

便　秘

23　此外，还有一件对于健康大有影响的事情，**就是按时大便**，大便过频的人，很少有敏捷的思维或强健的身体。但是大便过频的毛病，可以从饮食与药物两方面去医治，比较大便秘结的毛病容易医治得多，用不着仔细讨论。因为如果情形严重，无论是来势太凶，或是为时太久，自然立即会请医生，而且有时还只有就医太急的。如果症状不重，为时不久，通常顶好任其自然就行了。反之，大便秘结也有害处，医治起来却困难得多，泻药虽然在表面上可以通便，实际是反而使得大便愈加秘结。

24　这个毛病，我认为特别有理由来加以研究，我从书本上找出医治的方法，所以我就从实际方面去思考，相信只要我们能按正当的途径，采取合理的步骤，即使要在我们身体上面产生比医治大便秘结更大的变更，都是可以办得到的。

第一，我认为大便是身体上某些动作的结果，尤其是肠管蠕动的结果。

第二，我认为有些非纯粹随意的动作，通过应用与经常的练习，到了一定的时候就有恒地竭力去做，毫不间断，久而久之，也是可以成为习惯的。

第三，我知道有些人在晚餐之后吸一管烟，一定就可大便，于是我便自己怀疑起来，觉得他们之所以能够得到“自然”所给予的好处，恐怕是由于习惯者多，而由于烟草者少。至少至少，即使真是由于烟草之故，我想也是由于烟草激起了肠管的激烈动作，而不是因为烟草具有下泻的力量。如果烟草具有下泻的力量，它便一定还有别种影响的。

我有了这种见解，认为大便可以养成习惯之后，于是便要进一步去想一想，看用什么方法最有达到这个目的的可能。

第四，于是我便猜想：假如一个人在早晨第一次吃过东西之后，立刻便去乞助于“自然”，勉强大便，行之既久，迟早就可以通过不断的练习养成习惯。

25　我之所以选定早餐之后这个时间是有几层理由的：

第一，因为早晨胃内空虚，如果吃了它所愿吃的东西（因为我只主张在有需要的时候，胃口好的时候，吃他所愿吃的东西），那时胃内的纤维便起一种强烈的收缩作用，把食物紧紧包裹。我想这种收缩作用也许可以蔓延到肠管，因而增加肠管的蠕动。譬如我们所见的绞肠痧，肠子的下部无论那一部分发生了颠倒的运动，它便蔓延到全部，甚至胃部也要受到这种不规则的运动的波及。

第二，因为人在进食的时候，思想照例松懈，那时精神不做别用，于是格外多地贯注到下腹，因而产生同样的效果。

第三，因为人在有空闲进食的时候，他们一定也有充分的空暇去乞助圊厕之神（madam Cloacia）得到大便。但是人事纷繁，此外便没有一定的时间可以确定为大便之用了，定下也不免于中断。健康人的进食时间尽管不能固定，而每天至少进食一次是很少有例外的，按时大便的习惯仍旧能够保持。

26　根据这种种理由，实验便开始了。结果，我发现凡是能够坚持的人，只要他们无论何时吃过第一餐之后，不管是否想要大便，都去厕所，勉强大便，不到几个月工夫，他们就得到了预期的成效，养成了按时大便的习惯。若非自己偶尔疏忽，早餐之后，是很少不能得到一次大便的。因为无论他们是否想要大便，只要到了厕所，尽了本分，“自然”一定是很服从他们的。

27　**所以我主张，一个儿童每天用过早餐之后，立即这样去办。**让他坐在恭桶上面，大便好像进食一样，都是可以由他自己支配似的。他自己和女仆都应该绝对相信这一点，不可有相反的看法。他必须解了大便以后才去游戏，或者再进第二餐，至少也得尽力试试。我想这样去做，不久他就可以养成按时大便的习惯。因为我们有理由想到，儿童在游戏的时候，照例专心致志，把心思放在游戏上面，对于别的事情，概不留心，“自然”的轻微的动作每每被他们忽略了。他们对于到时的动作这样忽略惯了，久而久之，便养成了便秘的习惯。我说这种方法可以防止便秘，并不只是一种猜测，我知道有一个儿童用这个方法有恒地练习了一些时候之后，每天早餐以后就能按时大便了。

28 成年男女是否愿意试用这种方法，唯有让他们自己去决定。虽则我不能不申明一句，因为我想到便秘的害处很多，所以我愈觉得大便通畅比其他任何事情对于健康的利益都大。一天24小时，我觉得有一次大便就够了，我想也没有人会觉得这是太多的。采用这种方法，大便就可以不假药物的帮助，自然通畅，药物对于顽固的习惯性的便秘，医治的效力通常是很小的。

药　物

29 关于他的一般健康事项，我只有药物一个问题要打扰你了。大家也许对于我有一种期望，以为我会给点关于药物的指示，用来预防疾病。对于这种期望，我只有一点可说的，大家应该神圣地遵守，**就是千万别给儿童任何药物去为他预防疾病**。大家如果能够遵守我的建议，它的功效会比太太们的饮食或药商们的药物好得多。你万万不可妄作聪明，否则不独不能预防疾病，反而会引起疾病的。儿童稍微有点不舒服，用不着动辄吃药，请医生，尤其万一请来的医生是个喜爱多事的人，他立刻就会把病者的窗上摆满药瓶，胃里塞满药品。其实，与其把孩子交给一个自作聪明的人，或是一个认为儿童的普通疾病除了食物方面的调节以外无论用什么东西都可以医好，或是相信与此相差不多的方法的人，还不如完全任其自然来得安全。从我的理智与经验两方面，我都觉得儿童的娇嫩的身体应该尽量少加摆布，除非是到了万不得已，绝对需要的时候。有许多疾病，初起的时候给一点点不起泡的冷红罂粟水，这是一种真正消食水，同时禁止肉食，常常就可以治好，若是用药太急，反而会变成重病。如果这种温和的治理治不好初起的毛病，不能阻止它变成真病，那时才可以去请教一位头脑清醒、态度镇静的医生。关于这一部分，我希望能够得到大家的轻易的信从，一个研究过医药的人，他劝你不可滥用药物，滥请医生，那是谁也没有借口去怀疑他的。

30 我对于与身体及健康有关的事项，这就说完了，总结起来，不过下面简简单单几条极易遵守的规则。就是：**多吸新鲜空气，多运动，多睡眠；食物要清淡，酒类或烈性的饮料不可喝，药物要用得极少，最好是不用；衣服不可过暖过紧，尤其是头部和足部要凉爽，脚应习惯冷水，应与水接触。**

精　神

31　身体获得了应有的注意，保持康强健旺，使它能够服从并且执行精神的命令之后，其次一个主要问题就在如何使得精神保持正常，使它的一切举止措施，都合乎一个理性动物的高贵美善的身份。

32　我在这篇文字的开端说，人们的态度能力之所以千差万别，教育的力量比别的事情的影响都大。假如这种说法真如我自己所信，果然不错的话，那么，我们就有理由提出一种主张，要求重视儿童的精神的形成，而且应该及早形成，那是可以影响他们日后一生一世的生活的。因为他们做事做得好，或者做得不好，外来的赞扬或责备便会归结到他们所受的教育上去。他们如果有什么事情做得不好，大家便要批评他们，说那是符合于他们所受的教养的。

33　**身体强健的主要标准在能忍耐劳苦，心理健强的标准也是一样。一切德行与价值的重要原则及基础在于：一个人要能克制自己的欲望，要能不顾自己的倾向而纯粹顺从理性所认为最好的指导，虽则欲望是在指向另外一个方向。**

趁　早

34　**我觉得一般人教养子女有个重大的错误，就是对于这一点没有及时加以充分的注意。精神在最纤弱、最容易支配的时候没有习于遵守约束，服从理智。**“自然”很明智地使得做父母的人无不爱护自己的子女，但是那种自然的爱一旦离开了理智的严密监视，就极容易流于溺爱。他们爱护自己的子女，这个原是他们的责任，但是他们常常连子女的过失也都放纵不管。固然，子女的行为是不可加以干扰的，他们对于一切事物应当可以运用一己的意志，而且他们在婴孩时代也做不出什么重大的坏事情，所以他们的父母总觉得子女的过失可以放纵，没有危险，子女执拗一点，也以为很合乎孩子的天真的年龄。但是对于一个溺爱子女的、对于子女的恶作剧总是一味原谅不去改正、说那是一件无关宏旨的小事情的父母，梭伦（Solon）的答复最好，他说："不错，**但是习惯却是一件关系重大的大事情啊。**"

35 被溺爱的孩子必定学会打人、骂人，他哭着要什么东西，他便一定要能得到，他心里想做什么事情，他也一定要做。这样一来，父母自己在孩子幼小的时候，逗爱他们，把他们的本性弄坏了，他们自己在泉水的源头下了毒药，日后亲身喝到苦水，却又感到奇怪。因为他们的孩子长大以后，这种种恶劣的习惯也都跟着来到。那时孩子太大了，不能逗着玩了，他们的父母不能再把他们当作玩物了，于是他们就埋怨，说孩子太刚愎，太自是。那时他们才知道孩子刚愎讨厌，才知道他们亲手养成的种种恶习是很麻烦的。那时他们才愿意拔除自己手植的莠草，可是莠草的根已深了，这时才想拔除也许已经晚了。因为当他年纪小，还在着童装的时候，惯于支配一切事情，现在年纪大了，着短裤了，他仍旧希望运用自己的意志去支配一切，我们为什么又感到奇怪呢？事实上，他长得愈是接近一个成人，他的年岁把他的错误表现得便愈显著。那时做父母的人是很少仍旧昏聩得毫无所觉的，那时他们是很少麻木不仁得连自己纵容的恶果都觉察不出的。他在不会说话，不会行走之前，他已支配女仆的意志了。他还刚能呀呀学语，他的父母已经向他低头了。现在他已经长大成人，比以前更强壮、更聪明了，为什么突然之间反而要受到约束呢？为什么他在 7 岁、14 岁或是 20 岁的时候，要失掉以前父母所大量地给予的优待呢？你可以把一只狗、一匹马或是随便一只什么动物照样试试，看它们小时候养成的桀骜不驯的脾气，长大羁勒以后是不是容易改正。然而这种种动物之中，其执强，其骄傲，其希望成为自己与别人的主宰的心思，又没有一个有我们人类的一半啊。

36 我们对待动物的办法通常都是很聪明的，知道从它们极幼小的时候去着手，我们对于别种想要使得它们变成有用的动物，也知道及早予以训练。我们唯有对于自己的后裔不知道注意这一点，我们使他们变成了恶劣的儿童，却又愚蠢地希望他们长成善良的成人。因为，儿童想吃葡萄或者想吃糖球，就让他如愿以偿，而不让那可怜的孩子哭泣或者感到不高兴。为什么一旦他已长大成人了，想要喝喝酒，玩玩女人，他便不能如愿以偿呢？喝酒、玩女人之合于一个年岁较大的人与他小时候哭泣以求的东西之合于一个孩子的倾向是没有区别的。**我们人类在各种年龄阶段有各种不同的欲望，这不是我们的错处。我们的错处是在不能使得我们的欲望接受理智的规范与约束。这中间的区别不在有没有欲望，而在有没有管束欲望的能力与不为欲所惑的功夫。**大凡小时候自己的意志不惯于服从他人的理智的人，一旦长大成人，到了自己能够运用理智的时候，他也是很少会去服从自己的理智的。这种儿童之会长成哪种成人，那是容易预料得到的。

37　以上所说的种种情形，就是表面上最能用心教育子女的父母，也是常常疏忽的。但是假如我们想想一般人对于儿童的管教情形，想想他们为世指摘的放荡不羁的情形，我们真有理由怀疑那里是不是还有一点点德行的足迹。倘若父母以及其他接近儿童的人，不把邪恶灌输给儿童，不在儿童刚能接受邪恶的时候便把邪恶的种子向儿童注送，我不知道儿童会有什么邪恶？我的意思不是指他们给予儿童的榜样，我所注意的是，他们明白地把邪恶教给儿童，使他们实际上离开道德的大道。子女还不会行走，他们便以强力、报复、残忍等等教给他们。“给我一根棍子吧，让我好去打他”，便是大多数儿童天天听到的一种教训。大家也许以为这种教训没有什么关系，因为儿童的手劲不够，反正不会惹出祸事来的。但是，我要请问，难道这种教训就不至于损坏他们的精神吗？难道这不就是使他们开始施用强力与暴行吗？假如他们小时候就因别人的教唆而去打人伤人，而以被打者之受伤受苦为乐，难道到了他们长大有力，能够自由行动，能够故意去打人的时候，他们就不会打人了吗？

我们的身体之所以要有遮盖，目的是在存羞耻、取暖与得到保护，可是由于父母的愚蠢或无聊，却把衣服在孩子身上当作别用了。衣服被他们看成了虚荣与斗胜的工具。他们教儿童盼望一套新衣服，为的是贪图它的漂亮美丽。母亲看见小姑娘穿了一套新衣，戴了一顶新帽子，认为不去叫她几声“小皇后”、“小公主”，教她赞慕自己一番，那还行吗？这样一来，小孩子衣服还不会穿，却已学会夸耀她们的衣服了。做父母的人自小就教他们这样去做，他们大了哪能不继续夸耀缝衣匠给她们做的时髦服装的外表呢？

做先生或做父母的人，为图自己的便利，每每鼓励学生或子女去说谎、支吾，以及说那些与说谎相差不远的遁词。青年人看见“曲解事实”于他的正直的先生有利的时候尚且是受鼓励的，那么，一旦“曲解事实”于他自己有利的时候，难道他就不会去利用吗？

下层社会的人，因为家产不丰，没有饮食的引诱或酒食的征逐，儿童是不至于多食过饱的；不过他们自己一旦有了多余的资财，他们自己便会给予儿童一种恶劣的榜样，使儿童知道他们并不是不喜欢贪杯，或者不喜欢过食，所以吃得不过分，是因为物资不够的缘故。但是假如我们看看家境比较富厚一点的人家，他们是把饮食看作人生的大事与幸福的，如果饮食没有儿童的份，他们便认为儿童是受了歧视。他们的肠胃吃饱了之后，还得用羹汤、肉菜以及种种精烹细制的食物去引诱他们的口味；然后又借口怕肠胃吃得太多，又给喝一斟酒，说是可以帮助消化，实则只是反而增加积食而已。

我的小主人有点不太舒服吗？第一个问题便是“乖乖，想吃点什么？要我拿什么东西给你吃？”饮呀，食呀，立刻便都相迫而来了。疾病初起的时候，“自然”就聪敏地减少病者的食欲，来阻止疾病的发展，可是大家却要想方设法，制些腻美的食物，去增加食欲。其实胃部不再收入新的食物，它便可以腾出消化食物的精力，去克服刚起的疾病。

有些儿童很幸福，他们的父母知道用心照管子女，能使他们不恣口腹之欲，安于清淡简单的饮食，但是他们的精神还是不免受到一种流传的毒害。他们在受人管教的时候，虽则因为教养得法，也许能够获得健康，但是随时随地都有一种精食主义在煽惑他们，他们的欲望一定会被这种煽惑所鼓动的。这种吃得好的说法随处都在煽惑，对于人类本来的食欲，自然是一种有效的刺激，使它们很快地爱上山珍海味了。大家又从而称誉说，这是生活得好，反对邪恶的人也同样称赞。风气如此，理智虽严，又有什么办法呢？社会上优秀的人士，都唯精食是尚，我说它是一种奢侈又有谁肯相信啊。

精食主义现在已经成了一种风靡一时的毛病，拥护的人极多，我不知道它是不是取得了一种美德的名目；此时有人出来表示反对，不知道大家会不会把他看成傻子，或者说他不懂人情世故？老实说，我在这里所说的一番话，好在着眼是在提醒一般做父母的人，叫他们教养子女的时候要当心，要知道他们四面都有敌人，周围不独有种种引诱，而且还有公然教导邪恶的人们，甚至他们认为安全的地方也是靠不住的。好在我所注意的是这些道理，否则人家真要责备我有点无故讥讽别人了。

关于这个问题，我不打算多说了，至于人们努力毁坏儿童，向他们灌输不德的原则，这一切详情，我更不想多说了。我只希望世间做父母的人，认真地思考一番，想想儿童在不知不觉之中受了些什么不德的教导，想想做父母的人如果是肯负责的，是明智的，他们是不是应该设法给以他种教导才对。

想　望

38　我觉得一切德行与美善的原则在于具有去克制理智所不容许的欲望的能力。这种能力的获得和增进靠习惯，而使这种能力发挥得容易熟练则靠及早练习。假如大家相信我的话，我建议，我们要一反习用的办法，儿童从摇篮的时候就应该习惯于克制自己的欲望，不可怀有殷切的想望。他们第一件应该懂得的事情就是，他们之所以获得某件东西，不是因为那件东西能得到他们的喜爱，而是因为那件东西适于他们去获得。假如合于他们的需要的东西便都给予他们，决不因为他们哭泣恳求，就让他们得到什么东西，那么，他们就能学会没有它也感到满意，就决不会利用跳号乖戾的手段去争取胜利，就不致如目前一般的情形一样，闹得自己与别人都不安宁了，因为他们从最初起就不是这样被人对待的。假如他们从来不因恳求任何事物而使他们的欲望得到满足，他们就不会哭着要求什么的，正和他们不会哭着去要月亮一样。

39 我的意思并不是说，儿童对于任何事物一点都不能放恣，我也并不希望儿童听从别人竟和议会里面的议员一样有理智，懂规矩。我知道儿童究竟是儿童，他们是应该受到温厚的对待的，他们应该做游戏，应该有玩具。我的意思是说，儿童要求的东西，或想做的事，如果对他们是不适合的，我们决不可因为体念他们年纪小，便去允许他们。不，无论他们怎样纠缠，唯其纠缠，他们就决不应该得到。我看见过有些儿童，用餐的时候无论什么食品决不去要，吃了自己所得的一份就心满意足了。我在别的地方也看见过另外有些儿童，无论见着什么东西都哭着要。每盆菜都要，而且还得先吃。这两种儿童为什么会有这么大的区别呢？岂不是因为后者惯于获得所要的或者哭着要求的事物，而前者则否吗？我觉得儿童的年岁愈小，则其放佚不羁的欲望愈宜少予满足，儿童自己的理智愈少，就愈应该受到管理者的绝对权力的约束。因此，我觉得，只有贤明小心的人，才可以在儿童的左右。假如世间一般的办法与此不同，我是无可奈何的。我现在所说的本是我所认为应有的办法，假如这种办法早已通行，那么，我便根本用不着再把这个题目来向世人多嘴了。但是我相信，世上必有与我同感的人，认为对于儿童的这种管教开始得愈早，儿童与导师也就安乐一些。儿童所要求的东西，一旦拒绝以后，以后无论如何哭泣恳求，当然不可再给他们，这句不可违反的格言是应绝对遵守的，除非你有意教他们变得没有耐性、讨厌，才可这样奖励他们。

及　早

40 **凡是有心管教儿童的人，便应该在儿童极小的时候早早加以管教，应该使子女绝对服从父母的意志。你如果希望你的儿子过了儿童时期以后仍旧服从你，你便要在他刚刚知道服从，知道自己是归谁管教的时候起，立刻树起做父亲的威信。如果你希望他畏惧你，你便应在他的婴儿时期使他畏惧你，到他年岁愈长，你便愈当多多假以词色。这**

样一来，他小时候便是你的一个顺从的臣仆（这是合适的），长大了又是你的一位贴心的朋友了。因为我觉得大家对待子女的方法很不正确，子女幼小的时候，他们一味放纵亲狎，一旦子女长大成人，则又对之声色俱厉，不去亲近他们了。自由与放纵对于儿童是没有什么好处的，他们遇事没有判断的能力，所以非得有人管束不可；反之，成人做事，一切有自己的理智可以凭靠，专制与严厉却是对待他们的一种不好的办法；除非你是存心使你的儿女长大了厌恶你，希望他们心里划算"爸爸，你要什么时候才死呢？"

41　子女幼小的时候，应该视父母如君父，如具有绝对权力的统治者，这样去畏惧父母；一旦年岁较大，则当视父母为最好的、唯一可靠的朋友，这样去敬爱父母；我想大家对于这种看法是可以认为合理的。我所申述的方法，假如我没有想错的话，就是达到这种目标的唯一途径。子女长大成人以后，我们便应该把他们当作我们自己一样去看待，他们有我们一样的热情，一样的欲望。我们自己希望人家把我们看作具有理性的动物，应有我们的自由；我们不愿意时时受到别人的斥责，遭受人家的颜色，因而感到不安；我们与人交接的时候，也不愿意受到人家的奚落与冷淡。无论哪个成人处在这种境地，他便会去另找伴侣，另找朋友，另找谈话的对象，以期精神上的安然自得的。倘若儿童从最初起就严格管教惯了，他们小时候便会柔顺服从，安易地服从管教，因为除了顺从以外他们是不知有其他的。假如他们年龄渐长，能够运用理智以后，管束就照他们所应受的对待渐渐放松，父亲的颜色更加和蔼，父子间的距离便渐渐地缩短，那么，父亲以往的管教便反而可以增加他们的敬爱，因为他们知道以往的管教原是爱护他们，使他们值得受父母的爱抚与旁人的尊重。

42　关于你在子女的心目中树立威信一事，我已经一般地说得很多了。**你应该首先凭借畏惧，取得支配他们的精神的力量，到了子女年岁稍长之后，就要用友爱去维系这种力量。**因为总有一个时候，教鞭与惩罚都用不上了的，那时假若你的爱不能使他们顺从你，孝敬你，假如爱德行、重名誉的心思不能使他们走上光明的大道，那么，我且问你，你还有什么办法使他们走上光明的大道呢？是的，假如他们不得你的欢心，怕要少得遗产，也许因而可以变成你的财产的奴隶，但是他们私地里的生活仍会是邪恶的，而且这种约束也是不能永久存在的。**人人终有一个一切纯凭自己与自己的行为的时候；一个善良的、有德行的、能干的人是要从内心去养成的。**所以，他所应受的教育，所应赖以指导生活的力量，都应该及时给他。那是一种植入了他们天性中的习惯，不是因为目前怕父亲生气，不准承继，因而装作的一些行为与外表。

惩 罚

43　一般原则既已照理提过，现在我们应该更进一步，稍微详细讨论一下管教的细节了。我曾一再说到儿童应该严加管束，也许大家不免怀疑我太不从儿童的脆弱的年岁与身体去考虑他们所应受到的对待了。但是，你只要听我再说下去，这种误解便会烟消云散的。因为我很知道，极严酷的惩罚好处很少，不，它在教育上的害处还很大，并且我也相信，受罚最重的儿童，长大了很少有成为最好的成人的。直到现在我所申述的只是说，**无论需要何种严格的管理，总是儿童愈小愈须多用。一旦施用适度，获得效果之后，便应放松，改而采用比较温和的管教方法。**

畏 惧

44　**做父母的如能在子女记事前，就不屈不挠地使子女的意志变得和易近人，那就可以使它自然成性，不致发生反抗与怨恨。唯一应该注意的是，要着手得早，不能丝毫有所通融，务使敬畏父母之心变得很自然，他们的心理要肯服从，没有一点点勉强。**这种敬顺的心理一旦这样培养成功之后（要及早培养，否则势必多受痛苦，多费鞭策，才能改正过来，耽误愈久，则痛苦与鞭策之所费愈多），那么，即使儿童仍有各种嗜欲，只要用之得当，他们日后长大成人，比较懂事之后，凭着这样一种心理便可以管束得住了，用不着鞭挞、呵斥以及别的种种使人受到屈辱的惩罚。

自我克制

45　我们只要想想，教育的真正目标究竟何在，关键究竟何在，这种道理是很容易见信于人的。

第一，**大凡不能克制自己的嗜欲，不知听从理智的指导而摒绝目前的快乐或痛苦的纠缠的人，他就缺乏一种德行与努力的真正原则，就有流于一无所能的危险。自制的脾气既与他们的不羁的本性根本相反，所以应当及早培养。同时，这种习惯又是未来的能力与幸福的真正基础，所以应当尽早打进他们的心里，当儿童刚有知识、刚能懂事的时候就要着手，凡是对于他们的教育负有责任的人，都应极力设法，在儿童身上形成这种习惯。**

消　沉

46　第二，**另一方面，如果儿童的精神过于沮丧，如果他们因为管教太严，精神过于颓唐，他们便会失去他们的活力和勤奋，这种情形较之前者更坏。**因为放荡的青年，都是生龙活虎一般，精神十分饱满的，一旦走上轨道，常常可以变成一些能干、伟大的人物。心情沮丧的儿童就不然了，他们的态度是懦怯的，精神是抑郁的，很不容易振作起来，极难做出什么事业。要避免这两方面的毛病，那是需要一种巨大的技巧的。如果谁能找出一个方法，一方面使得儿童的精神安逸、活泼、自由，同时又能使他抑制自己对于许多事物的欲望，而接近不惯的事物，他便能调和这种表面的矛盾，懂得教育的真正秘诀了。

鞭　挞

47　普通对于儿童有一种贪便取巧的惩罚方法，就是鞭挞儿童，这是一般教师所知道的或想到的管理儿童的唯一工具，是教育上最不适用的一种办法，因为它有两种流弊。我们说过，这两种流弊，对它左右夹攻，不能不使它失去效力。

48　第一，**我们人类的本性有种倾向，就是耽嗜肤体的与现实的**

快乐，极力避免痛苦，但是这种惩罚的方法不独不能克服这种倾向，反而可以给它鼓励，增加它在我们身上的力量，那是发生一切邪恶与罪过的根源。一个儿童，本来不愿读书的，现在因为怕打而苦读起来了，本来爱吃不卫生的水果的，现在也因为怕打而不吃了，他现在的一切行为的动机岂不全是因为怕受鞭挞、由于贪图肤体的快乐与避免肤体的痛苦吗？他现在只是爱好更大的肤体的快乐，惧怕更大的肤体的痛苦而已。用这种种动机去管束和指导儿童的动作和行为，结果是什么呢？我说，结果除了我们所应该根除的根源现在反而在他身上生长起来以外，还有什么呢？所以我觉得，儿童无论受过什么惩罚之后，若是羞于做错了事情的心理不比惧怕痛苦的心情来得重，那是没有什么好处的。

49 第二，**这种惩罚自然会使导师盼望儿童去爱好的事物反而遭到儿童的厌恶。**事实很明显，儿童对于某些事物，本来是喜爱的，但是后来他们因为那些事物受了鞭挞与呵斥，岂不反而厌恨那些事物了吗？其实这在他们是不足为怪的，就是成年的人，又何尝能用这种方法去使他们爱好任何事物呢。无论什么正当的娱乐，假如他不高兴去玩的时候，却有人用鞭子去打他，用恶言恶语去骂他，非要他玩不可，或是玩的时候，因为一点点事情就常常被人这样对待，难道他会不厌恶那种娱乐吗？结果自然是会厌恶的。不适意的情境是常常可以影响到与其相关的、无辜的事物的。譬如有人常用某个杯子去喝呕心的药水，他只要一见到那个杯子就可以作呕，那怕杯子洗得很洁净，形式很美观，质料很贵重，里面盛着的东西总不能使他感觉到好吃。

50 第三，**这种奴隶式的管教，所养成的也是一种奴隶式的脾气。**教鞭威迫着的时候，儿童是会屈服的，是会佯作服从的。可是一旦不用教鞭，没人看见，知道不会受到处罚的时候，他便愈会放任他的本来的倾向。这种倾向完全不能因此有所改变，而且反而会在他的身上继长增高。经过这种约束之后，一旦爆发起来，来势往往更凶。

51 第四，**假如管教到了极度严酷的地步，也可以治好目前任性的毛病，但是接着来的常是更恶劣更危险的心情颓丧的毛病**，那时，你便算是丧失了一个放纵不羁的青年，换来了一个心神沮丧的家伙，他的反乎本性的拘谨状态是可以取悦于傻子们的，因为傻子们喜欢驯良死板的儿童，这种儿童既不吵闹，也不会使他们受到任何烦扰。实则这种儿童终生终世对于自己和别人都是没有用处的，他的朋友们也是得不到舒适的。

奖　励

52　所以，**我们想使儿童变成聪明、贤良、磊落的人，用鞭挞以及别种奴隶性的体罚去管教他们是不合适的。只有万不得已的时候，和到了极端的情形之下，才能偶尔用用。反之，用儿童心爱的事物去奖励儿童，去讨取儿童的欢心，也应该同样小心地避免。**凡是拿苹果、糖球或者别种为儿子所最喜爱的东西去使儿子念书的人，他就是认可了儿子对于快乐的爱恋，是纵容他所应该用尽全力去扑灭的危险的嗜好。你对于儿童的嗜欲，一方面尽管加以制裁，他方面却去给他满足，那是决没有希望教会他克制自己的嗜欲的。为了把自己培养成一个贤良的、聪敏的、有德行的成人，他应该学会克制自己的嗜欲，凡遇理智所反对和责任所要求的时候，他应该抑制自己对于财富、服饰、饮食等等事物的欲望。但是倘若你要他去做点该做的事，便用钱币去酬劳他，见他念了书，便拿些甘美的食物去报酬他的辛苦；你要他完成一点小小的课业，便去许他一些镶着花边的颈巾，漂亮的新衣。那么，你提出这种种酬报的意思岂不是说，他应该以这些好东西做目标，鼓励他去想望这些东西，使他习于把自己的快乐放在这些东西上面吗？人们为了要使儿童勤于学习文法、跳舞以及其他种种对于他们的幸福或利益没有多大帮助的东西，便去妄用奖励与惩罚的办法，那简直是牺牲了他们的德行，颠倒了他们的教育，等于教导他们去爱奢侈、骄傲、贪婪。因为这样一来，不当的嗜欲本是应该克制抑止的，现在反而受到鼓励了，他们便为未来的罪恶奠定了基础，那种罪恶，除非我们克制自己的欲望，及早使它们习于服从理智是无法可以避免的。

53　我的意思并不是说，我不准儿童享受一切无伤健康或者无损德行的舒适和快乐。我的意思恰恰与此相反，我主张无论什么可以使得他们得到快乐而无妨害的娱乐，儿童都可以大量地享受，以便尽量把他们的生活弄得快乐，有兴致。不过有一点要注意，他们获得这种种快乐，只是因为得到了父母与导师的重视与嘉许的结果，决不可因为他们不爱做某件事情，或者非用某种快乐去吸引就不愿做，所以便以此为报酬去给予他们。

54 但是你一方面取消了教鞭，另方面又不利用儿童所喜爱的这种小小鼓励，那么，（你会说）儿童应当怎样管束呢？取消了希望与畏惧之后，一切纪律便都完了。我也承认，善有奖，恶有罚，这是理性动物的唯一的行为的动机。它们不啻是御马的缰索和鞭策，且使得一切人类去工作，去接受领导，可见奖罚的办法在儿童身上也是应该利用的。我之所以劝做父母与做导师的人要永远记住这点，就是他们应该把儿童当作具有理性的动物去看待。

55 **我承认，如果我们想要支配儿童，奖励与惩罚是应该采用的。我觉得错误之点是：通常所用的奖惩的方法都是选择得不得当的。**我觉得身体上的痛苦与快乐被人用作支配儿童的奖励与惩罚，结果是不会好的。因为我说过，它们只能助长那些应被我们扑灭的嗜欲，加强它们的力量。假如你要使他打消甲种欲望，却以使他满足乙种欲望为补偿，你这是教儿童养成怎样一种德行呢？这只是扩大他的嗜欲，使它更加走入歧途而已。假如一个孩子哭着要求一种不卫生的、有危害性的水果，你便给他一些危害性比较少一点的糖果，以买得他的安宁。这样一来，他的健康也许可以保持，可是他的精神却受了损害，会更离正轨。因为你在这里改正的只是嗜欲的对象，对于嗜欲的本身仍是鼓励的，认为应该得到满足，其实我已说过，毛病的根源就在嗜欲的本身上面；在你不能使他克制那种欲望以前，孩子目前也许能安静，守规矩，但是毛病并没有治好。你用这种办法，简直就是助长了他的心田里面的一切罪恶的源泉，下次一有机会，它便一定会再爆发，来势一定更凶，他所怀抱的期望一定更大，而你所蒙受的苦恼也一定更深刻。

名誉

56 我们用来使儿童遵守秩序的奖励与惩罚是另一类的，它们具有一种力量，它们一旦发生作用，事情便办完了，困难便成为过去了。**儿童一旦懂得尊重与羞辱的意义之后，尊重与羞辱对于他的心理便是最有力量的一种刺激。如果你能使儿童爱好名誉，惧怕羞辱，你就使他们具备了一个真正的原则，这个原则就会永远发生作用，使他们走上正轨。**但是大家会问，这要怎样才能办得到呢？

我承认，这件事情最初看去不是没有困难的，但是我觉得我们还是值得去寻求达到这种目的的方法（寻得以后，还要实行），我认为这是教育上的一大秘诀。

57 第一，**儿童（也许比我们所想到的时期还早）对于称誉是极敏感的。**他们觉得被人家看得起，尤其是被父母及自己所依赖的人看得起是一种快乐。所以，假如做父亲的看见子女的行为好，便加以赞扬，看见子女的行为不好，便换上一副冷酷和不理会的脸色，同时母亲以及其他环绕在儿童周围的人都用同样的态度去对待他们，那么，不要多久，儿童就会感到这种不同的态度的。这种办法如果坚持地执行下去，我相信功效一定比威吓或者鞭挞大得多，威吓鞭挞如果用得太多便会失去力量，如果羞恶的心情不跟着来到，就没有用处。所以除了以后所说的万不得已的情形之外，是应该禁止，绝对不用的。

58 第二，为使儿童更加深切地感觉到被尊重的可喜，被屈辱的可羞，并使这样感觉增加效力起见，**儿童值得受人尊重或被人羞辱的时候，其他各种可爱的或可厌的事物应该伴随来到。**这不是因为他们的某件行为好，所以加以奖励，某件行为不好，所以予以惩罚，而是因为某人的举止值得被人奚落或受人尊重的、必然的、永远伴随的结果。用这种办法去对待儿童，儿童就会明白，凡是行为良好、受人尊重的人，他们必定为人人所喜爱，结果自然可以得到种种可爱的事物。反之，若是有人因为行为不好，被人看不起，或是不爱护自己的名誉，他就不可避免地要遭受人家的冷淡和轻视。结果，凡是能够使他满足和使他喜爱的东西，他便全都不能得到。用这种办法，自始便使儿童得到一种固定的经验，知道他们心爱的事物只有名誉良好的人才能得到，才能享受，**儿童的欲望便反而可以助长他们的德行。**一旦你能利用这种方法，使他们犯了过失而知道羞耻（因为除此以外，我希望不用惩罚），使他们乐于被人看得起，你就可以为所欲为地支配他们，而他们也就会喜爱一切德行了。

59 我觉得实行这种办法的大困难是仆人们的愚蠢顽梗，他们是很不容易防备，使其不来搅扰父母们执行这种计划的。儿童犯了过失，遭受父母的奚落之后，常常可以从这些愚蠢的谄徒的抚慰中得到出路和安慰，结果，他们把父母所要养成的德行都给破坏了。父亲或母亲对于儿童给以冷酷的脸色的时候，**其余一切的人，都应该对他表示同样的冷淡的态度**，谁也不可给他一点好脸色，直到儿童自己请求原谅，改正过失，恢复了以往的名誉为止。假如能够坚持地遵守这种办法，我相信，鞭挞或呵斥是很少用得着的：他们为求得自己的安适和满足起见，自然很快地就能学会去取得人家的称赞，至于别人全都反对的，他们自己做了也一定会吃苦头的事情，虽然没有呵斥或鞭挞，他们也会避免不做。这就可以教导他们养成一种谦顺和知耻的心理。他们对于自知足以使得自己遭人轻视的事物，自然很快地就会避之若浼了。至于仆人方面的障碍如何才可以消除，我只能留给做父母的人自己去防备，去考虑。我只觉得这是一件关系重大的事。如果他们能够得到一些小心谨慎的人去照料他们的子女，他们就是非常幸福的了。

羞耻心

60 所以，**鞭挞或呵斥是应该谨慎地避免的。**因为这种惩罚的方法，除了使儿童对于使得自己遭受鞭挞或呵斥的错误行为发生一种羞耻与恐怖的心思以外，是决不能再有别的好处的。如果处罚儿童的主要目的，不在使他们明白自己做错了事情，和自己之所以见憎于最好的朋友实在是咎由自取，则鞭挞所生的痛苦只能是一种不完全的治疗的结果。**它只是弥缝了目前，使伤口结上一层皮膜，对于痛楚的核心仍然没有触到。只有出自内心的羞耻心和不愿见恶于人的畏惧心，才是一种真正的约束。**只有这两件事情才配管握御人的缰索，使得儿童遵守秩序。但是如果常常施用体罚，结果，必然会失去那种效力，会毁灭羞耻心。儿童的羞耻心与妇女们的谦顺之情一样，它不能够时时被人侵犯而仍保持下去。至于父母把子女鞭挞几下之后，立刻就不表示出不高兴，则儿童对于父母的恼怒是不会惧怕的。做父母的应该仔细想想，看子女的哪些过失才值得他们生气。可是一旦生了气，实施了惩罚之后，他们就不应该立刻放宽他们的声色，他们应该设法恢复子女原有的美德，一直要等子女服从了，比平时更好了，补偿了所犯的错误，才可以完全恢复原来的态度。否则，惩罚用得太多之后，便变成了家常便饭，完全失去了它的效力。儿童犯了错误，你便加以惩罚，惩罚之后，又去予以原谅，结果他们便把这种层次看成天经地义了。

名　誉

61　关于名誉一事，我只有一点要说的，就是名誉虽然不是德行的真正原则和标准（因为那是认识人的责任，乐于服从造物主，遵行上帝所赋予的启迪，以期获得他的欢心和默佑），但是它离德行的真正原则和标准是最近的。它是大家根据理智，对于有德行的、良好的行为的一种不约而同的证实和赞扬，当儿童没有长大，不能运用自己的理智去辨别是非以前，它是一种指导儿童和鼓励儿童的正当方法。

62　这种考虑可以指导做父母的人，使他们知道自己应当怎样去责备或赞扬他们的孩子。**儿童的过误有时不能不加以斥责，因而斥责不独应当出之以严肃的、不任情的词句，并且应当背着别人私地里去执行；至于儿童应受赞扬的时候，则他们应当当着别人的面前去得到。儿童受到赞扬之后，经过大家一番传播，则奖励的意义就更大。而父母不宣扬子女的过错，则子女对于自己的名誉就愈看重，他们觉得自己是有名誉的人，因而更会小心地去维持别人对于自己的好评。若是你当众宣布他们的过失，使其无地自容，他们便会失望，而制裁他们的工具也就没有了，他们愈是觉得自己的名誉已经受了打击，则他们设法维持别人的好评的心思也就愈加淡薄。**

稚气

63　但是，假如儿童照管得法，则一般常用的奖励与惩罚是不必多用的。因为他们所做的一切天真的傻事，所好的一切游戏，所有的一切稚气，只要他们能够尊重其他在场的人，便全是可以完全任其自由，不必加以丝毫干涉的，而且还不妨尽量放任他们。**这种种儿童时期所有的而不是儿童本身所固有的过失**，假如留待时间、模仿与成熟的年纪去加以改正，儿童便可以免受许多冤屈的和无益的惩罚，这种惩罚的结果不是不能克服儿童时期的本性，以致施用太频繁，失去效力，以后遇了别种必须加以惩罚的情形，也减少了惩罚的力量。要是力量太大，能够压服儿童时期的一片童心，以致损伤了儿童的身心。假如做父母的人真能在儿童的心目中树立应有的威信，则儿童游戏的时候如果过于吵闹，有时候不合适，或者不适宜于某种地方或某些伴侣（这只能指他们的父母所在的地方），那么，只要父母说一句话，使一个眼色，就可以使他们走开或是安静下去了。但是这种好玩的脾气，原是“自然”聪敏地使与他们的年岁与性情相适应的，本来应该加以鼓励，借以提高他们的兴致，增进他们的力量与健康，不必加以阻止和约束。**我们教导儿童的主要技巧是把儿童应做的事也都变成一种游戏似的。**

规则

64　现在我又要提到一件普通教育方法上的错误了，就是叫儿童时时记住许多规则和教训，他们对于那些规则和教训，常常并不明白它们的意义，总是随时学到就随时忘却了。其实，假如你希望儿童应做某件事，或是某件事应该换个做法，结果儿童还是忘了没有做，或是做得不好，你应当叫他反复去做，直到他们做好为止。采用这种办法有两层好处。第一，你可以借此知道某件事情儿童是否能做，是否应当希望儿童去做。因为有时候我们吩咐儿童去做某些事情，试过之后，才知道他们本没有做那些事情的能力，事先还得加以教导和练习才能叫他们去做。但是做导师的人下命令比进行教导却容易得多呢。第二，这种办法还有一个好处，就是一种动作经过多次练习，可以在他们身上变成习惯，它便不必再靠记忆与回想，自然而然就做得出了，记忆与回想是谨慎与年岁的伴随物，不是童年的伴随物。譬如有人向他致礼，他应鞠躬回答，有人向他说话，他应注视对方的面孔，这在受过良好的教养的人看来，因为时时应用的原故，简直是一件与呼吸空气一样自然的事，用不着思考，也用不着回想。你用这种方法把儿童的任何过失改正过了之后，那过失便算是永远改正了。这样一件一件地改正下去，你便可以把他的过失全部消除，在他身上养成你所喜爱的任何习惯。

65　我知道有些做父母的人，把大堆大堆的规则加在儿童身上，可怜的孩子，连那些规则的十分之一都记不清楚，更不必说去实行了。可是如果他们违犯了这许多繁杂的、不恰当的规则，呵斥与鞭挞的惩罚跟着便来了。儿童知道自已的注意力不够，很难不违犯这些教训，以致因此受到谴责，自然就不注意别人的嘱咐了。

所以，**你对于儿子所定的规则应该愈少愈好，比表面看去好似绝对不可缺少的还要少**。因为如果你的规则太多，使他受不了，结果必定不外两种：其一是，儿子必定时时受到惩罚，而惩罚过多，结果是不好的；其二是，儿子违犯某些规则，你不加以处罚，结果他势必轻视这些规则，而你的威信在他的心目中也就降低了。规则应该少定，一旦定下之后，便得严格遵守。小小的年龄只需少少的规则，待他年岁渐长，一种规则经过练习，打定基础之后，才可再去增加另外一种规则。

习　惯

66　但是请你记住，**儿童不是用规则可以教得好的**，规则总是会被他们忘掉的。你觉得他们有什么必须做的事，你便应该利用一切机会，甚至在可能的时候创造机会，给他们一种**不可缺少的练习**，使它们在他们身上固定起来。这就可以使他们养成一种习惯，这种习惯一旦培养成功之后，便用不着借助记忆，很容易地很自然地就能发生作用了。不过我在这里有两点要提醒的。第一，你要他们练习某种习惯，**顶好和颜悦色地去劝导他们，提醒他们**，不可疾言厉色地去责备他们，好像他们是有意违犯似的。第二，还有应该注意的一件事，就是**同时培养的习惯不可太多**，否则花样太多，把他们弄得头昏眼花，反而一种都培养不成。要等某一件事情，经过经常的练习，变得容易自然，他们做来不必再假回忆之后，你才可以再去培养另外一种习惯。

练　习

这种由导师监视，教儿童反复练习某项行为，以期养成习惯，做得很好，而不要他们去死记规则的办法，无论从哪方面观察，都是很有好处的，可是它竟这样被人忽视，我真有点觉得奇怪（假若关于任何事情的不良习俗是可以值得奇怪的话）。它的好处，现在我还可以顺便提到一点。采用这种方法，我们就可以知道我们要儿童去做的事情是不是合于他的能力，是不是合于儿童的天赋的才力与体质的，因为正确的教育对于这种地方也应该注意到。我们不应该希望完全改变儿童的本性，我们不能使快乐的天性变得忧郁，我们也不能使忧郁的天性变得快乐而不伤害他们。上帝在人类的精神上面印上了各种特性，**那些特性正同他们的体态一样，稍微改变一点点是可以的，但是很难把它们完全改成一个相反的样子。**

所以，照料儿童的人应该仔细研究儿童的天性和才能，并且应该经常试试，看他们最容易走哪一条路子，哪一条路子最与他们相适合。此外还要考察他们的本性，看它怎样才能改良，看它合于做什么。他应当知道儿童缺乏的是什么，那些缺乏的东西他们是不是能够通过努力去获得，由练习去巩固，并且值不值得去努力。因为在许多情形之下，我们所能做的或者所该做的，乃在尽量利用自然的给予，在于阻止这种禀赋所最易产生的邪恶与过失，并且对于它所能够产生的好处，大力给以帮助。人人的天生才智都应该尽量得到发展。但是如果要想使他改换一种天性，那就是白费力气的了，即使勉强加以粉饰，充其量也只能有个外表，永远有层矫揉造作的丑恶痕迹。

矫揉造作

我相信矫揉造作的毛病不是儿童从小就有的，也不是没有经过教导的天性的产物。这种莠草不是生长在荒芜的野地上面的，而是生长在花园里面，因为园丁太不小心或是太没照顾的本领，方才滋长起来的。一个人之所以能够矫揉造作，一定是起因于管理与教导和一种知道不能不有礼貌的感觉。它想改正本性中的缺点，它总是具有一个可爱的目的，要去取得别人的欢心，虽则这个目的它是永远不能达到的；它愈想装出一副优雅的态度，它离优雅的态度便愈远。因为这个理由，所以我们愈该提防它，因为它是教育所产生的过失。这种教育固然是一种走入了歧途的教育，但是青年人或则因为自己的错，或则由于左右诸人的行为不好，他们往往容易受到这种教育。

优雅的态度永远是可以获得别人的欢心的，是因为一个人在做某件事情的时候，他的心情正合于那个时候的情境。我们看见一个高雅、友善、殷勤的人，是没有不高兴的。凡是一种旷达的，能够宰制自己并能主宰一切行为的心境，既不卑陋狭隘，也不孤高傲慢，也没沾染任何重大缺点，这也是没有人不喜爱的。从这种完善的心境所自然地流露出来的行为是心境的真切迹象，我们当然无不喜欢。这种行为既是内心的自然流露，当然也就显得态度自如，没有勉强做作的痕迹。我觉得这是一种美，这种“美”可以使他们的行为和一切所作所为益发显得漂亮，凡是和他们接近的人无不为之倾倒高兴。这是因为他们经过不断的练习，把自己的举止陶冶好了，在与人交往时，由于生性或习惯，有礼貌，尊重别人，表现自如，一点也不显得做作，一看去就知道是因为他们具有甜美完善的心情和良好的气性才自然地流露出来的。

反之，矫揉造作是对于应当真纯自如的事情的一种丑陋的和勉强的模仿，缺乏那种跟随自然的事情而来的美。因为，外表的行为与内在的心情总是不相符合的，表现有二。第一，一个人实际并没有某种心情，可是他要在举止上装腔作势，使得外表上好像具有某种心情似的，但是他这种矫揉造作的态度是会自行暴露的。譬如有些人有时候实际上并无悲哀、愉快或慈爱的心情，他们却偏要装出一副悲哀、愉快或慈爱的神气。

第二，有时候他们并不装腔作势，假充具有某种心情，却在举止上表现一些与他们不相称的动作。比如他们与人交往的时候装模作样的一切动作、言辞或容貌，本来的目的固然是在对于对方表示尊重或礼貌，或者表示他们谈得很有兴致，善于交谈，但是实际并不是一种自然的或真实的表现，而是他们内心上的某种缺憾或错误的表示。这种情形，大部分是**因为他们只知一味模仿别人，却不知道分辨别人的行为哪一部分是优雅的，或者哪些东西是别人的性格中所特有的。**一切矫揉造作，无论它的方式如何，总是令人讨厌的，因为我们原本厌恨假装的事情，和那些只能以假装的态度去取得别人的欢心的人。

率真的和不加造作的本性，任其自然，远比做作的丑态和这种蓄意的怪样好。我们如果自己没有什么成就，或是行为方面有什么缺憾，态度不能达到十分优雅的境界，通常是不至于被人注意、遭人指摘的。但是我们的举止中间无论哪一部分有了矫揉造作的成分，那就等于给我们自己的缺点点上了一支蜡烛，结果一定被人注意，不是认为我们没有见识，便会说我们太不光明磊落了。这种情形，做导师的人应该特别提防，因为我在上面说过，这是一种习得的丑态，起因于一种错误的教育，犯矫揉造作的毛病的，除了那些冒充受过良好的教养，不愿安于自认不善与人交接的人以外很少有别种人。我觉得它的起因，**常是因为世上有些懒人，只知道定出规则，立下范例，却不把练习与他们的教导相结合**，不知道使学生在自己的监视之下，重复做着某种行为，以便改正其中失礼的和做作的成分，使那种行为变得习惯地、合适地运用自如。

礼貌·跳舞

67　所谓礼貌，儿童们往往弄不清楚，而聪明的女仆和女导师又往往有许许多多的好意去告诫他们，我觉得**学习的方法与其依从规则，不如根据榜样。**儿童若是不与不良的伴侣在一道，知道自己因为行为优雅，所以能够得到人家的尊重和赞许，他们是会乐于仿照别人的榜样，使自己的行为来得优雅的。万一稍微没有留心，孩子脱帽与退步致敬的姿态来得不很雅驯，那种缺点可以由教跳舞的教师去改正，他可以把时派人物所说的村俗之气的率直的天性完全去掉。我觉得跳舞最能使儿童具有适当的有信心与举止，使他们有资格和年长的人交际，所以我主张他们到了能学跳舞的年岁，马上就该学习跳舞。因为跳舞虽然只是一种优美的外表的动作，可是不知道为什么，它使儿童在思想上和姿态上具有丈夫气概的作用却比什么都强。除此以外，**我是不主张使得小小的孩子因为礼貌上的细节而多吃苦头的。**

儿童有些过失，你知道，是只要他们的年纪稍长之后就可以改正过来的，你千万不必多担心。所以，当儿童的年龄还很幼小的时候，**只要他们的心里知道应有礼貌**（那是你应该及早培植的），举止上的礼貌有不周到的地方，做父母的人尽可以少去操心。假如他的幼稚的心里，知道敬爱父母师长，对于他们不敢有所拂逆，同时对于其余一切的人也知敬重，怀抱善意，那么，凭着这点尊敬的心思，他自然就会去模仿别人的最受欢迎的举止，设法来表达这种心理的。你应该当心，使他怀抱一种温良和善的原则。你要竭力利用名誉、赞赏，以及与名誉赞赏相随而来的种种可爱的事物，使这种温良和善的原则变成一种习惯。一旦这种原则经过不断的练习，在他的心田里面生了根，立定了脚跟的时候，你便不必怕了，一切谈吐中的文雅和外表上的礼仪，都是到了时候自然就会到来的，只要孩子们能从女仆的照料之下解脱出来，交给一个具有良好教养的男子去做他们的导师的话。

孩子年纪很小的时候，他们无论做了什么不经心的事，只要里面没有骄傲与天性不良的迹象，都是可以原谅的，但是他们的任何行为如果显露了这种迹象，那就应该按照以上所说的方法，立刻加以纠正。我对于礼貌问题所说的话，意思并不是说，我们虽然有人知道怎样去使儿童懂得礼貌，也不应该在儿童极小的时候去逐渐陶冶他们的动作和举止。假如从儿童刚会走路时起，就有能陶冶他们的人采用正当的方法去陶冶他们，那本是一件极好的事。我所不满意的是关于这件事情通常所用的错误的办法。孩子们的行为方面的事项一向没有人教导过，可是一旦礼貌上有了一点点不周到的地方（尤其是有生客在座的时候），他们便常常遭受斥责，关于脱帽和退步致敬的责备与教训也就大堆大堆的涌来了。他们表面上虽然是在改正儿童的错误，实际上多半只是遮掩自己的耻辱而已。他们为了自己不受责备，便盛气凌人地归罪于可怜的孩子，为的只是惧怕旁人议论，说孩子的不良行为是因为他们对孩子缺乏照料和没有照料孩子的本领。

至于从儿童方面说来，这种偶尔教训一两次的办法，他们是一点好处都得不到的。他们应该先受过教导，**知道该做什么，而且事先还应反复练习合适的做法才行**，不能够事前毫不习惯，甚至全不知道怎样一个做法，而可以临时告诉他们去做的。这种每逢事到临头，便去呵斥一顿的办法，那不是教导他们，而是无故使他们受烦扰，吃苦头。顶好是让他们去，不必因为一点点不是他们本身所固有的，也不是他们听了一番告诫就能够改正过来的过失就去呵斥他们。他们天性中的幼稚的不经心或者率直的表现，应当让他长大了去注意，不必时时无故加以呵责，因为呵责不会也不能使他们养成优雅的动作。他们如果心地纯正，内心具有礼貌，即使因为缺乏良好的教导，外表上的气概粗鲁一点，但只要他们是在良好的伴侣中间成长起来的，那么，时间与观察自然可以将它洗刷干净。他们如果是经常跟不良的伴侣在一道，那么，哪怕你用尽世间所有的规则，使尽一切想象得到的惩罚，还是不能使他们养成良好的德行。因为你应该知道这个真理，就是：你对于孩子们尽管给以各种训导，天天告诉他们一些关于礼仪的精湛的指示，但是最能影响他们的举止的还是那些与他们相处的人和左右诸人的言行。儿童（不，成人也是一样）的举止**大半是模仿得来的。我们都是一种模仿性很强的动物**，是染于青则青，染于黄则黄的。可见孩子们的耳闻不如目见，原是不足为怪的。

伴　侣

68　我在前面说过，仆人们对于儿童有种很大的害处，就是他们爱去讨好儿童，以致减低了父母责斥儿童的力量，因而损害了父母的威信。这里又有一件重大的弊害，就是孩子们常从下贱的仆人那里学到许多不良的行为。

在可能的范围以内，最好绝对不要让他们和这种人去交接，因为儿童见了他们在礼貌和在德行上的坏榜样是没有不受到可怖的传染的。儿童常常从没有教养的或者没有德行的仆人那里学到许多言辞、诡计与恶习，他们若是不和仆人混在一起，也许那是他们一生一世根本就不会知道的。

69 要绝对防止这种弊害是很难的。假若你所雇用的仆役，从来没有一个低贱或邪恶的人，假若你的孩子一点没有从仆人那里沾染恶习，你的运气就真是太好了。不过我们还是应该尽力去防止这种弊害，并且应使儿童尽量多多接近他们的父母[①]以及受托照料他们的人。为了达到这个目的，**儿童在跟前的时候，应使他们感到舒适自如，他们在父母或导师的跟前应该获得他们的年岁所应有的自由，不可无故加以不必要的拘束。**假如他们觉得处在父母、导师的跟前等于坐牢似的，他们自然就不喜欢跟父母、导师在一道了。他们的稚气，他们的幼稚的游戏或幼稚的举止，都不应该受到阻碍，只要做得不坏就行，其余的自由都应给予他们。此外，为使儿童乐于与父母相处起见，凡是他们心爱的东西都应该从父母跟前得到，并且应由父母亲手给予。不可让仆人们把烈性的饮料、酒、水果、玩具种种东西给儿童，去取得儿童的欢心，使儿童乐于和他们相交往。

伴 侣

70 我提过伴侣一点之后，关于这个题目真想搁笔不再向你哓哓多说了。因为伴侣的影响既然比一切教训、规则、教导都大，我觉得再去多谈别的事情差不多完全是白费力气。因为你一定会说，我对我的儿子有什么办法呢？假如我老是把他留在家里，他就有变成我的少主

---

① 罗马人认为子女的教育是父母本身的正当责任，此点可以参看：Suetonius. August. Set. 64. Plutarch in vta Catonis Censoris；Diodorus Siculus，1. 2. Cap.3.

人的危险；假如我把他放出去，外面又到处流行着粗野与邪恶，他又怎能不受传染呢？把他留在家里，他也许比较纯洁，但是也会更不知道人情世故，他在家里没有新的伴侣，天天看见的全是几副熟面孔，一旦出而问世，就会变成一个懦弱畏怯或虚骄自负的家伙。

我承认两方面都有缺点。儿童在外面混惯了，他的胆量自然大些，和同年龄的孩子也容易混得来些；同学间因为相互竞争，结果年纪小的孩子就大家都有生气，肯用功。不过，在你能够找到一个学校，里面的教师能够照顾到学生的礼貌，对于培养德行，陶冶仪容能像教授那种学者所用的语言一样看得出效果之前，你得承认，你之所以觉得值得把你的儿子的天真和德行去冒险，让他去进学校，无非是因为你很看重古代希腊、罗马的文字，想使他去学得一点点希腊文与拉丁文，而不是为的使他变成一个具有胆量的人。因为男孩子从学校里的伴侣中得来的胆量与生气，通常都是含有粗鲁与不良的自信力的杂质的，那种不合适和不正直的处世方法，日后一定还得加以清除，代以较好的原则和使人成为一个真有价值的人的仪态才行。一个人要过良好的生活，要能在世上治理自己的事情，与他从同学里面学到的鲁莽、诡计或粗暴是绝不相容的。大家只要想想这宗事实，就会知道，学校教育虽有优点，私家教育虽有缺点，但两者相比，后者更为可取。这样，就会设法把孩子留在家里，去保持他的纯洁和谦顺了，因为孩子留在家里，和亲人比较接近，比较容易习得一些品性，做个有用的和能干的人。女孩子根本就是在退匿羞怯中长大成人的，也并没有人觉得她们因此就少懂事，就变成比较不能干的女人了，大家对于这一点是连疑惑的意思都没有的。她们一旦踏进了社会，与人交往惯了，自然很快地就有自信了。此外，男孩子不论是什么样的粗鲁与喧嚷，也要很好地加以避免，**因为我认为勇敢与镇定并不在于粗鲁与不良的礼仪。**

德行比人情世故更难获得，青年人失掉了德行是很少再能恢复的。懦怯无能和不懂人情世故是大家归给私家教育的过错，其实这并不是在家庭里面进行教育的必然结果，也并不是无法医治的毛病。邪恶是两害之中更顽梗和更危险的，所以它是应该首先加以防备的。如果说家里溺爱太过，常常使人懦弱无能，应该竭力避免，我们主要的目的也是为的德行的缘故，因为恐怕这种自己全无把握的脾气太容易接受邪恶的印象，使年轻人太容易堕落了。一个青年人在离开父亲的住宅和导师的保护以前，他应该具有一种不屈的决心，应该熟悉人情，使他的德行不至于发生动摇，否则在他没有十分明白交友的危险，不能镇定地抗拒一切诱惑以前，他是很容易陷入危险的歧途，走上致命的绝径的。若是没有这层关系，则青年人的羞涩畏怯和不知人情世故原是用不着这样及早就去注意的。交际就可以把这种毛病大部分治好，如果不能，那就更是一个强有力的理由，证明家庭里面需要一个良好的导师。因为假如你能努力使他及时养成一种刚毅的气概和镇定的态度，那就在他独自步入社会的时候，给了他的德行一道保障。

所以，为使儿童具有自信，获得一点点与人相处的技能，就去牺牲他的天真，让他和那些没有教养的和邪恶的孩子交往，这是很不对的，刚毅自主的品性的主要用途是为保持他的德行。因为假如一旦自信或机敏与邪恶合流，支持他的不良行为，他便更加毁定了；那时你又得从新设法，去消除他从伴侣中间得来的习气，否则便只有让他去毁掉。男孩子有了与人交接的机会，他们是没有不会学得镇定的，只要时间够。在此以前，谦逊和服从使他们更适于受教导，所以事先尽可以不必过于注意自信的养成。最应该花时间，下苦工和努力的，是使他们获得德行的原则、实践和良好的教养。这才是他们应该事先多加准备的事，免得后来容易失掉。这是他们需得好好预备的，因为他们一旦进入社会，与人交接，一方面固然可以增加一些知识与自信，同时也容易使他们失去他们的德行，**所以他们对于德行是不能不在事先多加准备，使它深深固定在他们身上的。**

至于他们年岁长大之后，如何才能与人交接，出而问世，我们以后在别的地方再说。但是那种日与顽童为伍，斗骗欺诈，无所不学的儿童，我是看不出他们如何能够参加合于礼仪的交际或事业的。学校里面这种伙伴的父母的人品通常是很不齐的，做父亲的人希望子弟混在里面，究竟能够获得一些什么品性，真是难说得很。我相信，凡是家里请得起导师的人，则导师较之学校里的任何人必定更能使他的儿子举止优雅，思想高尚，同时又能知道什么是有价值的，什么是合适的，而且学习也更容易，成熟也更迅速。关于这一点，我并不怪学校里的教师，也并不希望他能做到。一个家庭里面的两三个学生和一个学校里面上上下下挤满一屋子的七八十个学生，其中的分别是很大的。因为无论教师怎样努力、有本领，他教上 50 或 100 个学生，除了他们集聚在学校的时间以外，他是绝对没有法子照顾到的。除了书本以外，别的事项他也是没有希望把他们教出成绩来的。学生的心理和礼貌的形成是需要不断地注意的，并且还得个别教导才行，这在大群大群的学生中间是行不通的，即使教师有时间去考查，并且有时间去改正学生的个别缺点和错误倾向，但是学生一天 24 小时之中，绝大部分的时间都是由他自个儿去消磨的，或者还要受到同辈的恶习的薰染，教师的努力也不过是枉费工夫而已。

但是一般做父亲的人，眼看那些胆大猛闯的人往往最能走上好运道，于是也愿意自己的儿子能够及早变得冒失鲁莽，认为这是一种吉兆，表示他们长大了能够时运亨通，他们看见自己的儿子向同学玩玩诡计，或是从同学方面学到一点诡谲的伎俩，便以为是子弟学会了谋生的本领，可以与世周旋了。但是我敢说，**要把子弟的幸福奠定在德行与良好的教养上面，那才是唯一可靠的和保险的办法**。养成一个能干的人才的，不是学校里生徒们的戏谑欺骗，不是他们的鲁莽相向，也不是他们的定计偷盗一座果园。**一个能干的人才的养成，是由于正直、大量和严肃的品质，加以观察与努力而成**，这些品质我认为学校里的学生们是不能彼此学到多少的。如果一个在家庭里面教养成人的青年绅士，在这些品质上不能比在学校里面学得多些，那就只怪他的父亲选聘导师的时候选错了人。你可以从文法学校里面挑出一个最高级的学生，再找一个在家庭里面受过良好教养的、年岁相同的孩子，使他们变成要好的朋友，然后你可以看看，看谁的举止更有丈夫气概，看谁见了生人的时候谈吐更能镇定自如。我相信那个学生的自信力到了这个时候一定会不够，再不然就会使他见笑大方，假如他的自信力只能使他和孩子们交接，那就反而不如没有的好啊。

邪恶这件事，假如我们能够相信一般人的申诉，它在现在这个时代真是成熟得快极了，很早就在青年人的身上撒下了种子，假如你竟甘冒危险，让他在外面厮混，任他在学校里面凭靠机遇或者凭靠自己的倾向去选择他的伴侣，他是不能不受到这种流行的毒害、传染的。至于近年以来，邪恶在我们中间为什么流行到了这个地步，它之所以猖獗一时又是什么人纵容惯的，我都打算留给别人去研究。我希望一般抱怨耶教的虔信与德行到处大大减退，抱怨这一代的绅士阶级的学识退步的人肯去想想，看怎样才能使得下代的人信心不减退，德行不堕落，知识不退步。我相信我们如果不从青年们的教育与原则性上去打好基础，其余一切的努力都会是白费。我们英国在世界上是一个有地位的国家，原因是我们有德行、本领和学问，但是我们对于下代的人，如果不去注意与保存他们的纯洁、严肃和勤奋的美德，而又希望他们充分具有这种德行、本领和学问，那简直是笑话。我本来打算把勇敢也加上去，虽则大家以为勇敢本是我们英国人的天性中的遗产。近来大家谈到海上发生的一些事情，那是我们的祖先没有知道过的，我想到这些事情时不能不说，放荡原是可以消磨人们的勇气的，一旦荒淫的行为损伤了爱好真名实誉的心思，勇气是很少能够继续存在的。我觉得世界上不论哪个国家，无论如何骁勇有名，一旦腐败的习气充塞了全国，消融了纪律的羁勒，一旦到了邪恶猖狂、肆无忌惮的境地，它是决不能够凭借武力以保持令誉或耀威邻邦的。

德　行

所以，教育上难于做到而又具有价值的一部分目标是德行，直接的德行，不是鲁莽冒失，也不是任何一点点混世的技能。其余一切的考虑与成就都应该退避，都应该让它一步。唯有德行才是真实的善，导师不只应该进行劝导谈论它，而且应该利用教育的工作与技巧，把它供给心理，把它固定到心田里面，在青年人对它发生真正的爱好，把他的力量、荣誉和快乐放在德行上面以前不要停止。

伴 侣

德行愈高的人，其他一切成就的获得也愈容易。因为凡是能够尊重德行的人，对于一切合于自己的事是不会采取一种执拗或倔强的态度的。所以我主张把青年绅士留在家庭里面，放在父亲跟前，由良好的导师去教导，只要有法子办到这一点，运用又恰当，这是达到教育上的主要大目标的最好最安全的办法。绅士们的家庭里面不是没有各种各色的伴侣的，他们应该使子弟习惯一切生面孔，子弟一旦有了能够和有学问、有教养的客人交际的能力，便应该让他们去交际。有些住在乡下的人，出外拜客也不让子弟一道跟去，我不知道那是什么道理。我相信，父亲把儿子留在家里教养，较之送到外面，他就有较多的机会跟儿子接近，因而父亲就能给他以应给的鼓励，就能使他少受仆役等贱人的沾染。但是事情究竟怎样决定，那主要应由做父母的人斟酌他们的环境与便利去决定的。我只觉得，如果做父亲的人一点不肯受麻烦，不去教养自己的儿子，那是治家的最坏的办法；无论他的境遇是怎样一个情形，亲自教养子弟就是对于子弟的最好的给予。不过说来说去，若是有人仍旧觉得家庭教育太缺少伴侣，而一般的学校又不适宜于青年绅士的教育，那么，将来大家也许能够想出办法，说不定两方面的弊病都可以避免。

榜 样

71 我已经考虑过了伴侣的影响是很大的，我们每个人，尤其是儿童，都爱模仿别人。现在我还要向做父母的人提醒一件事，**就是如果谁希望自己的儿子尊重他和他的命令，他自己便应十分尊重他的儿子。**后生是可畏的（Maxima debetur pueris reverentia）。你不愿意他去仿效的事，你自己便决不能在他的面前做。倘若某件事情，你认为他做了是一件过错，你自己却不当心做了，那么，他便一定会以你的榜样为护身符，他有了这道护身符，那时你再想用正当的方法去改正他的错误就不容易了。假如他看见你自己做了某件事情，一旦他做了你又去加以惩罚，你的严厉是因爱护他、望他改过的意思，但他是不会知道的，他一定以为你是倚仗父亲的地位，无理专横，自己有自由、有快乐，却毫无理由地不许做儿子的人去获取自由和寻求快乐。若是你觉得你之所以放随便一点是年岁较大的人的特权，这是一个孩子所不能够希望的，你这种想法便反而可以使得你所做出的榜样增加新的吸引的力量，反而使得他更想照样去做。因而你该时时记得，**儿童之爱冒充成人是比我们所料想的还早的。**他们爱穿短裤，并不是因为短裤的式样好，或者穿着舒服，而是因为穿了短裤就是达到成人时期的一个标志或步骤。我所说的父亲对于子女的态度应该扩充范围，适用于一切有权管理儿童或者应受儿童敬重的人。

惩　罚

72　我现在又要回到奖励与惩罚的作用问题了。儿童的一切稚气的动作和不雅驯的举止，以及一切准可以由时间与年岁去改善的事项（这是我已经说过的），如果不用教鞭去对待，则现在一般儿童所受的鞭打便用不着这么许多了。假如我们再把学习读书、写字、跳舞和外国文字等等也都列进这项特权底下，则在正当的教育里面，笞责或强力是很少用得着的。**把这些东西教给他们的正当的方法是使他们对于你要他们去学习的东西发生喜爱，然后他们自己便会去用功。**假如我们能按照正常的办法对待儿童，上面所说的奖励与惩罚能够谨慎地实施，同时在教导他们的方法方面又能遵守下面提到的几条简单的规则，我觉得这是不难做到的。

任　务

73　**儿童应学的事情，决不应该变成儿童的一种负担，也不应该当作一种任务去加在他们身上。**否则他们立刻便会讨厌它，那怕他们以前本来喜爱那件事情，或者不爱也不憎，他们对它都会感到厌恶。你可以吩咐一个儿童，叫他每天到了一定的时候就去抽陀螺，不管他高兴不高兴，你只要让抽陀螺变成他的一种责任，使他每天早晚都得因此花费许多时间，照这样子，你看他是不是不要多久就会厌倦一切的游戏。其实，成人又何尝不是一样？他们自己高兴去做的事情，一旦变成了他们的一种责任，他们是不是立刻就觉得厌倦，觉得忍受不住了？儿童也爱表示自己是自由的，他们喜欢人家知道他们的良好举动，是他们自动做出来的，希望人家知道他们是绝对独立的，**在这种地方他们和最自尊的成人没有分别**，至于你心目中怎样看他们，那没有关系。

意　向

74　因此，即使你已经使他们对于某些事情养成了一种喜悦的心思，**但是当他没有立意去做那些事情的时候，你也应该少叫他们去做。**有些喜爱读书、写字、玩音乐的人，在某些时候对于书、字和音乐也会感到无味，假如那时他再自己勉强去弄，结果无非是自寻烦恼而已。儿童也是一样。应该注意观察他们这种气性的改变，**应该当心地捉住他们的兴致上的有利时机**，假如他们自己不能经常具有进取的气概，你也应先劝他，使他好好立下一个意愿，方才可以叫他去做。我觉得在一个心思缜密的导师看来，这并不是一件难办的事，因为他对于儿童的气性已经有了研究，他要向儿童灌输一些适当的观念，如同使他爱好他所从事的工作之类，那是不难的。采用这种方法，便可以节省许多时间和减少疲劳：因为儿童兴致好的时候，学习效率要好两三倍，而勉强被迫去做就要花费加倍的时间与劳苦。假如这层道理能够受到应有的注意，**儿童便尽可以放肆游戏**，把自己弄疲倦，对于各种年岁所能学习的东西还有充分的时间去学习。但是普通的教育方法对于这种地方并不注意，而且它也没法注意到。那种粗暴的教鞭纪律是根据别种原则的，它没有吸引的力量，不知道注意儿童的心情，也不懂得利用有兴致的好时机。本来，一方面压迫与鞭挞已经使得儿童对他的工作感到厌恶，另一方面却又希望儿童自动地停止游戏，高高兴兴地去学习，这是很可笑的。其实，只要事情处理得当，游戏固然可以当作学习以后的消遣，学习任何应学的事项也是同样可以当作游戏以后的消遣的。两方面所费的劳力是相等的。他们并不怕劳苦，因为儿童本来是爱做事的，事情有点改动和变换，自然使他们喜欢。我们所称为游戏的事情只有一点占便宜的地方，就是游戏是儿童自动去做的，劳累也出于自愿（你知道，他们游戏的时候是从来不惜气力的）。但是他们所要学习的事情却是强加在他们身上的，他们是被吩咐、被强迫和被驱使去做的。这对于他们，不啻是当头的一道棒喝，他们需要自由。他们是常向一同游戏的伴侣请教的，同样你应使他们自己去向导师请教，来代替导师吩咐他们去学习，这样一来，他们便觉得他们学习是出于自愿，与做别的事情没有分别，他们就会同样高兴去学习，而学习与各种游戏也就变得没有分别了。这种方法如果小心地采用，那么，你无论希望他去学习什么事情，你都可以设法引起他的愿望。我承认最难对付的是第一个或最长的一个孩子，不过一旦能把他引上轨道，有了他在前面，你便可以随心所欲地去领导其余的孩子了。

75 儿童学习任何事情的最合适的时机是当他们兴致高、心里想做的时候，那时他们的精神既不怠懈，心思也不别有所注，不至于使得他们感到别扭与憎恶，这是无可怀疑的。但是此外还有两件事情，须得注意。第一，如果这种时机你没有当心去利用，或是这种时机根本就不常有，你不可因此就不设法使他得到改进，而任他养成一种慵懒的习惯，老是无心无意似的。第二，我们有一件重要的、值得努力的事就是，即令他因心情不好，或是心思另有所注，对于别种事情学得不好，但是我们也应教他养成一种自主的能力，对于某件事情虽然做得正在起劲，但是经过选择决定之后，要放得下，而毫不为难地、高高兴兴地去做另外一件事情。**一旦理智意识到别人指导他去做什么，要能摆脱慵懒的心情，努力去做。**这是可以试试他们，使他们做到的，你可以挑定他们慵惰不想做事，或是心思对于业余的事另有所注的时候，指定一件事情，使他们努力去做。假如采用这种办法，他的心理能够习于自作主宰，到了必要的时候，能够放下原有的心事或事务，去从事新的和兴味较少的事情，没有不愿或不安之意，那么，这种好处较之拉丁文或逻辑或通常需要儿童去学习的多数事项可就大得多了。

强 迫

76　**儿童是比较活泼和好动的，他们只要有事可做，至于能做什么，他们是无所谓的**，如果外来的鼓励与阻碍相等，跳舞与跳房子在他们看来是一样的。可以说，他们学习应学的事情的时候，巨大而唯一的阻碍是，把事情吩咐他们去做，当作他们的任务，因此去窘辱他们，斥骂他们，使他们战战兢兢地去做，或者他们本来愿做，可是叫他们做得太久，使他们感到十分疲倦，这都是太侵犯他们所极端看重的、固有的自由了。他们之所以真正爱好日常的游戏，全是因为自由之故。情况一改变，你就会发觉，他们一会儿又改做别的事情去了，尤其是他们见了他们所尊重、所自以为不如的人的榜样时更是如此。假如他们看见别人所做的事，安排得能暗示他们那是年岁较大与地位较高的人的特权，那么，野心和希望上进、希望与那些地位较高的人并驾齐驱的心思就可以促使他们去工作，去用力地、快乐地前进了。这是他们自己的欲望所发动的快乐，**他们得到了心爱的自由，这对于他们就是一种不小的鼓励。此外若能再在名誉方面给以满足，我觉得别种促使他们用功的鞭策便可以不必多用了**。我承认，为了达到这种目的，最初是需要一些忍耐、技巧、温和、注意和小心谨慎的。不过事情若是没有困难，你又何必要请一位导师呢？这点做到以后，其余一切就会较之任何严厉与专断的管教之下的情形来得顺手了。我觉得做到这点并不难，只要儿童的跟前没有不良的榜样，我相信并不难。我认为唯一的大危险是仆人和其他管教不良的儿童，以及其他坏人或蠢人，他们一方面自己在儿童的跟前做出不良的榜样，另一方面又把儿童决不应当得到的两件东西同时给予儿童，这样去毁坏儿童。这两件东西我是指的邪恶的快乐和赞誉。

责 骂

77　**因为儿童应该很少受到鞭笞的惩罚，所以我觉得斥责过多，尤其是盛怒呵叱，结果，差不多也是同样的不好。它可以降低父母在孩**

子心目中的威信，同时可以减少孩子对于父母的尊敬。因为你应当记得，**他们很小就能辨别愤怒与理智了**，他们不能不尊重根据理智的事情，同时也就很快的看不起愤怒了，即使愤怒可以一时慑服他们，但是这种慑服的力量很快就会烟消云散的，对这种没有理智，但具虚声的空架子，他们自然看不上眼。儿童只有做了邪恶的事情的时候（这在他们幼小的时候是很少的），才值得做父母的人去加以制裁。他们如果做错了事，只消给点眼色就可以改正过来。万一有时不能不责备几句，责备的话语也应当严肃、和蔼而又庄重，只消说明他们的过失究竟有些什么不好或者为什么不合适，不可匆匆骂他几句了事，因为这会使他分不清你之所以生气是不是对他的成分多，而对过失的成分少。盛怒的呵叱常常不免混杂一些粗暴下流的言辞，结果还有一宗坏处，就是等于把它们教给了儿童，而且许可了儿童也去说，他们觉得这是从父母或师长那里学来的，还有什么可羞或可顾虑、不去用到别人身上，因为他们是有很好的根据来用的。

顽　梗

78　说到这里，我预料会有人出来反对我，说儿童犯了事，你既不主张打，又不主张骂，那么还有什么办法呢？这不等于放松了约束一切混乱的缰勒吗。其实，只要我们自始即能采用正当的方法去训练儿童的心理，照以前所讲的情形，使他们知道畏惧父母，事情是不致弄到这种地步的。因为经过不断的观察之后，我们知道鞭笞的时候，**如果儿童所畏惧的或所感到的只是它所给予的痛苦，则鞭笞的好处并不多**，因为痛苦消灭得很快，儿童对于它的记忆也会同时忘却。**但是我觉得有一种过失儿童是应受鞭笞的，儿童应受鞭笞的过失也只有这一种，这就是顽梗，或者反抗。在这种情形之下，我也主张在可能范围内把鞭挞所给的羞辱作为惩罚的最大部分，不是痛苦。惟有使他们由于做错了事和被打而感到害羞，才是真正的德行上的制裁。**如果儿童被打并不感到羞耻，那么，鞭笞所生的痛苦是容易消逝的，容易遗忘的，很快它就不可怕了。我知道有一个上流社会的人，他的孩子最怕被人脱掉鞋子，正和别的孩子畏惧鞭笞一样。我觉得脱掉鞋子这类惩罚比鞭笞好，因为假如你愿他们具有一种真正磊落的性情，他们怕的应该是羞于犯错和与犯错相随而来的羞辱，不是痛苦。但是倔强与顽抗是应该用强力和鞭笞去克服的，因为此外没有别的法子。无论什么行动，如果你已经吩咐过叫他去做，或是叫他别做，你便非使他服从不可，不准告饶，不准反抗。如果你命令，他反抗，那情形便成了一种你们互相斗手腕、争胜负的局面，那时你便非做赢不可。如果使过眼色或者吩咐过之后还没有效力，那是任何鞭笞都不能顾惜的，除非从此以后，你有意服从你的儿子去过日子。我认识一位细心和蔼的母亲，有一次遇了这么一个机会，她的小女儿刚从保姆那里回家，为了一点最容易、最无关系的事情，要她服从，她在那天早上一连将她打了八次，才算克服了她的倔强的气焰。假如她早一点松手，打到第七次便不再打了，她便从此把孩子毁了，她的不彻底的打法，徒然足以增长她的傲气，使得日后极难矫正过来。但是她聪敏地坚持下去了，坚持到女儿的心理被屈服，意志变顺从，即坚持到这种惩罚与责打的唯一目的的实现。她在第一次的机会中便在女儿的心目中彻底地树立了威信，从此以后，无论什么事情，她的女儿就没有不立即服从的了。这是这位母亲鞭笞她的女儿的第一次，我相信也是最后一次。

儿童第一次应该受到鞭笞的痛苦的时候，非等完全达到目的之后，不可中止，而且还要逐渐加重，它应该首先克服儿童的心理，树立父母的威信；威信树立以后便当采取一种严肃之中寓有和蔼的办法，把它永远保持下去。

大家如果仔细想想这种道理，他们便可以比较不去乱用鞭笞了，他们便不会再以为鞭笞是一件安全的和万应灵药式的方法，可以随时乱用了。**鞭笞如果不能产生良好的结果，它自然便会产生重大的害处**；它如果不能触到儿童的心坎，使他的意志变柔和，它就反而可以使得犯事的儿童益发变顽固。他无论受了多少痛苦，痛苦便反而使他更爱他所爱好的顽梗的脾气，因为这种脾气这次使他得了胜利，便会使他准备再去斗胜，希望将来再得胜利。所以我相信有许多人本来是可以变得很驯良的，只因惩罚不得其法，结果反而养成了一副倔强的脾气。因为如果你在惩罚儿童的时候，对他盛怒相向，好像惩罚的目的全在报复他以往所犯的过失似的，那么，你的本意虽在改正他的心理，但是这种办法怎么能够把它改正呢？**假如儿童的过失里面没有倔强的气性，或者故意的成分，根本就用不着严酷的鞭笞。一种和蔼的或者严肃的劝戒就够改正他们的意志薄弱，疏忽善忘，或是怠慢粗率所生的过失了，他们所需假助于外力的，不过如此而已。但是意志里面如果具有倔强的成分，如果是一种有意的、有决心的反抗，那么惩罚的分量是不能根据他所犯的过失的大小的，应该看他对于父亲的命令不敬重、不服从究竟到了什么程度。父亲的命令是得严格地执行的，否则便须断续地加以鞭笞，直到鞭笞的力量达到他的心理，你能看出一种真正忏悔、羞耻和自愿服从的表示为止。**

我认为这不只是吩咐儿童去做事，一旦他们没有做，或是做得不如我们的意，即加一顿鞭打，就可了事的。这还需要小心、注意和观察，并且还应细细考察儿童的性情，仔细衡量他们所犯的过失，才能够这么加以惩罚的。但是这种办法较之手里时时拿着一根教鞭，把它当作管束儿童的唯一方法，岂不好些吗？岂不比时时施用，用得不当，弄得这个最后的有效方法到了必须采用的时候也失掉了它的效力的好？因为倘若儿童每逢犯了一点点小事，便不分青红皂白地施以鞭笞，则此外还有什么可用的呢？假如一个性情驯良、勤恳用功的孩子，查错了圣经的索引，或是作诗用错了一两个字，便受到鞭挞这种严酷的对待，待他和顽梗的孩子故意犯事没有分别，这种惩罚的办法又哪能在他的心理上发生良好的影响，使他走上正轨呢？这是我们唯一应当追求的事情，一旦心理走上正轨以后，则你所希冀的其余一切事情便都跟着来了。

79　儿童的意志用错了方向，如果无须改正，鞭笞是用不着的。至于其他一切过失，若是心理正常，并不反抗父亲或导师的管束和威信，那便只是错误而已，通常是可以不必加以理会的，即使理会，也只要采用温和的劝告、指导和训戒等等方法就够了。除非他们反复地、故意地忽视，证明毛病在心理，不服从的根本原因是意志倔强之故。但是一旦发现了顽梗，即公然的反抗之时，我们便不能假装不知道，或是不去注意了，而应在它初次出现的时候，去加以克服与控制。不过要注意，我们不可弄错，我们得看准它的确是顽梗，而不是别的东西。

80 不过，惩罚既然应该尽量避免，鞭挞尤其不可多用，我觉得这种情形总以少有为是。如果儿童能够具有我所说过的畏惧的心思，则在大多数的情形之下，是只要给点眼色就够了的。**而且年轻的孩子也不能与年岁较长的人具有同样的举止，同样地严肃和用功。**我说过，凡是适于他们的年岁的愚蠢的和幼稚的举动，都应该被许可，我们尽可不必加以理会。做事疏忽和爱好快乐本是儿童时期的特性。我觉得我所说过的严厉的办法不应该扩充到这种不合时宜的约束。而且儿童的年岁或气性的自然产物也不能够遽尔当作顽梗不化或有意抗犯去看待。在这种错误方面，我们应该把他们当作天然的弱者看待，去帮助他们，帮助他们去改正。那种弱点经过提醒以后，即使重新出现，也不能认为完全是因忽视之故，而立即把他们当作顽梗的孩子去对待。意志薄弱所产生的过失固然决不应当忽视，也不应当不去提醒他们，但是除非这种过失含有故意的成分，那是不能夸大其词，或是斥责得太厉害的，只能在时间与年岁所许可的范围以内，用一种温和的手段将它改正过来。这么一来，儿童就可以明白一切过失中的主要的讨厌之点究竟是什么，因此就会学着避免那种讨厌之点。这就可以鼓励他们保持一种正当的意志，使他们知道，正当的意志可以使他们不至于蒙受任何重大的不快，他们其他一切弱点都会得到导师与父母的关切和帮助，而不是生气和盛怒。别让儿童接近邪恶，养成邪恶的性情，儿童在各种年龄的一般行为，自然是能适应当时所处的年岁和所常交接的伴侣的。他们年岁愈长，便愈能用心与努力。但是，应使你说的话永远具有力量与威信，万一有时你要吩咐他去停止任何幼稚的动作，你便一定要做到，不可让他占了上风。不过我是始终主张做父亲的人，除了儿童做事有流于恶习的倾向以外，对于这种种地方**最好少用权力，少下命令。**我觉得此外还有更好的方法，可以制服它们，只要你在根本上能使孩子服从你的意志，则在大多数的时候，**温和地据理劝说一番，效果要好得多。**

说 理

81 我说对待儿童也要说理，大家也许觉得奇怪，但是我不能不认定说理是对待儿童的真正办法。儿童一到懂话的时候，就懂得道理了。假如我的观察不错的话，**他们之希望被人看做具有理性的动物，是比想像得到的年岁还早的。他们这种自负的态度是应当得到鼓励的，我们也应该在可能范围内尽量利用这种态度，把它当作支配儿童的最好的工具。**

但是我之所谓说理，意思是以适合儿童的能力与理解力为限的。一个三岁或七岁的孩子，谁也知道不能当作成人一样去和他辩论。长篇大论的说教和富有哲学意味的辩难，充其量不过使得儿童感到惊奇与迷惑而已，并不能给他们以教导。所以，我之所谓应以理性的动物看待他们，意思是说，**你的举止应温和，即使惩罚他们，态度还是要镇定，要使他们觉得你的作为是合理的，对于他们是有益的，而且是必要的；**要使他们觉得你之所以吩咐他们或是禁止他们去做某件事情，并不是出于任性任情或空想。这是他们能够懂得的。我觉得无论对什么应守的德行，应戒的过失，他们无不可以用理说服，不过所说的理应与他们的年岁相适合，应为他们所了解，同时应以极少的极明白的措辞行之而已。至于责任的基础，是非的根源，这对不惯于从通行的俗见去抽绎自己的思想的成人，也是不容易打进他们的心里去的。至于儿童就更不能够了解空泛窎远的理论了。冗长的演绎是不能够打动他们的。如果要用道理打动他们，那种道理便须明白晓畅，适合他们的思想水平，而且应该能够（假如我能这样说的话）被接触到和被感觉到才行。不过，若是他们的年龄、性情和好尚能被考虑到，这种可以说服他们的动力决不是没有的。如果他们犯了任何值得注意的过失，而又没有其他特殊的动力可以利用，他们只要知道那种过失是可以使得他们见笑大方，蒙受玷辱，失掉你的欢心的，这就常常可以使他们明白，并且有力量去阻止那种过失了。

榜　样

82　但在各种教导儿童以及培养他们的礼貌的方法中，其最简明、最容易而又最有效的办法是**把他们应该做或是应该避免的事情的榜样放在他们的眼前**。一旦你把他们熟知的人的榜样指给他们看了，同时说明了他们为什么漂亮或丑恶，那种吸引或阻止他们去模仿的力量，是比任何能够给予他们的说教都大的。用口头上的开导去使他们明白何谓德行，何谓邪恶，决不如使他们看看别人的行动，由你指导他们去观察，叫他们看看那些行动的优点或劣点。采用这种看看别人的榜样的办法，则儿童对于具有礼貌的漂亮，没有礼貌的丑恶，必能懂得更清楚，印象更深刻，这是任何规则或教训所做不到的。

这种方法不独应该在儿童年轻的时候采用，只要他们是在别人的教导或指导之下的时候，都应该继续采用。而且我觉得做父亲的人只要觉得合适，无论什么时候他都可以把它当作一个最好的办法，去改正他希望儿子改正的任何事项，没有什么事情能像榜样这么能够温和地而又深刻地打进人们的心里。儿童无论忽略了，或者自己纵容了什么坏事情，一旦看见别人同样做了，他们是没有不厌恶，不惭愧的。

鞭　笞

83　大家也许要怀疑，鞭笞作为一种最终的矫治手段不能不用的时候，应在什么时候执行，应当由谁执行呢，是不是应在儿童犯过失的当时，过失还历历在目，趁热打铁地去立刻执行呢，父母是不是应当亲自鞭打孩子呢。关于第一点，我不主张在犯事的当时立刻执行，怕的是感情用事，你若感情用事，那时即使鞭笞超过了应有的分量，它的效力还是不能恰如其分地发挥出来的。因为我们做事动感情，儿童也看得出来。但是我在前面说过，**凡是沉着地从父母的理智出发的事，就能发挥最大的力量**，这种区别，他们并不是分辨不出来的。其次，假如你有一个做事缜密的仆人，能够担负鞭笞的责任，同时你家里又有管束孩子的地点（因为如果请得有导师，那是一定有的），我主张鞭笞的命令应由父母发出，鞭笞的时候父母也应在场监视，但是鞭笞，最好由别人直接去执行。这样一来，则父母的威信可以保持，儿童因蒙受痛苦所生的怨恨就会转向执行鞭笞的人了。因为我认为除了万不得已，到了最后一步，没有别的办法可想之外，做父亲的人是不可多去鞭打儿子的。只有到了那种情形之下，做父亲的才应当亲自去执行，省得他很快就又忘了。

84 但是我在前面说过，**鞭笞是惩罚儿童的方法中的最坏的一个，所以也是最后的一个**，只有处在极端的情形之下，一切比较温和的方法都试验过了，都失败了，才可以采用。其实，别的比较温和的方法，如果施用得当，鞭笞是很少用得着的。因为儿童即使在某件事情上，偶尔当面违犯过父亲的命令，并不见得就会常常违犯。至于从做父亲的方面说来，则他不必通过严厉的规则，把他的绝对权力用来干涉儿童的幼稚的或无关宏旨的动作，因为那些地方儿童本来应该享有他们的自由，或者用来干涉儿童的学习或进步，因为那是根本用不着强迫的。此外就只有邪恶的行动应该禁止了，在这里，儿童可能顽梗不化，所以才用得着鞭笞。可见一个人只要考虑细致，对于儿童能够正当地进行教育，鞭笞实在是很少用得着的。但是儿童在七岁以前，除了说谎或者一些不良的恶作剧以外，还会有什么邪恶，竟会在父亲直接禁止以后，反复重犯，以致被人视为顽梗不化，施以鞭笞呢？假如儿童表现了任何邪恶的倾向，你就能正当地加以处理，邪恶初出现时，就向他表示你的惊愕，万一再出现，则父亲、导师以及一切左右亲近的人，便都给他一点严厉的颜色，同时按照以前所说对待没有名誉的儿童的办法去待他，务使他明白自己的过失，感到羞愧而后已。我觉得这样一来，别种惩罚就都用不着了，而鞭笞的机会也就没有了。**鞭笞之所以不能不被采用，通常都是因为以往过于纵容，或是疏于管教的结果。**如果邪恶的倾向自始就受到注视，他们刚刚做了不规矩的事情，就能采用那种比较温和的方法，加以矫正，我们每次所要对付的毛病是很少会超过一种以上的。那时我们便很容易将它改正，用不着嚷嚷闹闹，也用不着鞭笞那样的粗暴纪律了。这样一来，它们就可以一个一个地全数铲除，一点不留下它们出现过的痕迹或记忆。**但是我们纵容了自己的小宝贝，让他们的过失滋生蔓长，一直到了根深蒂固，滋蔓难图，连我们自己也因之感到羞愧不安的时候，才不得不起而加以犁耙；那时锄铲就须深入土中，才能达到过失的根柢了。苗地上的萎草已经很多了，那怕用尽气力，费尽功夫，已经不容易清除秽恶，复得佳果，来酬答我们的劳苦了。**

85 这种办法如果能被遵守，则父子双方都可省得从那些繁重的训诫，和要做这样不做那样的规则上受到麻烦。因为我觉得，对于导向邪恶习惯的行动（这才是父亲所应该施用权力，加以干涉的），当儿童没有违犯以前，事前全都不必加以禁止。因为这种不合时宜的禁止，即使不产生更坏的结果，至少也不啻是告诉儿童，使他们觉得那些行动儿童是会犯的，其实，这种种过失儿童若是根本不知道反而更安全。阻遏这种过失的最好的方法，我已经说过，是在他们这种具有邪恶的倾向的行为刚一出现的时候，立即向他表示一种惊愕的态度。譬如他第一次说了谎，或是做出了任何不良的恶作剧，最初的医治方法应该是把它当作一件奇怪可怕的事，说想不到他居然会做出这种事情，这样来让他羞愧而不做这种事情。

86 也许有人（这是会有的）会要提出异议，说无论我觉得儿童怎样易教，利用羞辱与称誉的温和方法怎样有效，但是事实上有许多儿童，若是没有鞭笞的驱策，他们是决不肯自动地去读书，去学习他们所应该学习的事物的。我想这里所指的，恐怕只是一般学校所教的与流行中的语文，它们在可以找到别种方法的地方也从来没有采用过别种方法。否则为什么儿童学习拉丁文与希腊文需要教鞭的驱策，而学法文与意大利文却用不着呢？儿童学跳舞、学击剑都不要鞭笞，就是学算术、学图画等等，他们自己也很能用功，用不着鞭挞。这就不能不令人怀疑到文法学校里所教的东西，或者所用的教法，不适合儿童的年龄特点，使得儿童非有鞭笞的驱策不肯学习，而且即在鞭笞的驱策之下学得也极勉强了；否则所谓儿童对于这种种文字非有鞭笞不肯学习的说法，根本就是一种错误。

87 即使我们假定有些儿童真是不经心，或者懒惰，不能用我所主张的温和方法使他们去学习（因为我们应该承认，世界上是有各种性情的儿童的），但是也不能因此就说，所有儿童都得用鞭笞的粗暴方法去管理。而且在比较温和的方法没有彻底实施以前，我们也不能够就下结论，断定某个儿童是不能够用比较温和的方法去管束的；万一它们真不能够使儿童努力，去做自己的力量所能做到的事情，我们对于这种顽梗的儿童也并不原谅。对于这种儿童，鞭挞是种正当的矫治，但是鞭笞的方式应当跟通常的不一样。对于故意不肯读书，父亲正面地严厉地下了命令，仍旧执意不肯去做他所能做的事情的儿童，鞭笞的时候不可因为他没有执行任务而狠狠地打两三下了事，到他犯了同样的过失时，又去同样反复惩罚；我觉得到了故意的成分表现出来了，**不能不采用鞭笞的时候，鞭笞应该来得沉着严厉一点（并且应该一面鞭挞，一面教戒），要到鞭笞在心理上的印象能从儿童的面容、声调与屈服中表现出来，不单是因为痛苦，而是因为知道自己不该犯错，并且融化在真挚的悲悔里面，方才可以停止。**假如这种惩罚的方法，在适当的距离时实施过几次，并且极端严厉从事，同时父亲对他始终明白表示着不高兴的样子，却仍旧不能发生效力，不能改变他的心理，使他日后变顺从，那么，鞭笞又有什么用处？我们又何必再鞭笞呢？鞭笞如果不能产生良好的影响，它便不像是出于一位同情的朋友的善意，而是出于一个敌人的愤怒了。这种惩罚徒然惹恼儿童，没有一点点改正的希望。假如一个做父亲的人倒了霉，有了这样一个顽梗桀傲的儿子，我想他除了替他祈祷以外是再没有别的办法的。不过，我觉得对付儿童的办法，如果自始就能运用得当，那么这种儿童终究是很少很少的。万一真有这种情形，我们也不能以此例彼，说这是那些本性比较善良、可以采用较好的办法去管理的儿童的教育通则。

导　师

88 假如你能得到一个导师，他能自居于为人父亲的地位，担当起做父亲的责任，喜爱这种种事情，而又自始就能努力去把它们付诸实施，他日后就会发现他的工作是很轻松的；我想你的儿子在学习与礼仪两方面，必定都能在短期内获得意外的成就。不过导师若是没有得到你的同意与指导，他在任何时候都不许打他；至少也得在你有了经验，摸清了他的脾气，知道他确是一个小心谨慎的人才行。不过，为了保持导师对于学生的威信，除了为他没有鞭挞的权力保守秘密以外，你自己对他应当非常尊敬，要叫全家的人同样尊敬他。因为被父母或被别人轻视的人，你是不能够希望你的儿子对他有一点点尊重的。假如你觉得他应该受到轻视，那你就是选错了人，假如你对他表示了一点点轻视，他是不会逃脱你的儿子的轻视的。结果，无论导师本身具有多大价值，无论导师对于职务具有多大能力，但在儿童的心目中一切都完了，此后对他也不会再有任何好处了。

89　父亲应当以身作则，教导儿童尊敬导师，导师也应以身作则，使儿童去做他所希望儿童做的事情。**导师的行动千万不可违犯自己的教训，除非是存心使儿童变坏。**导师自己如果任情任性，那么教训儿童克制感情便是白费力气的；自己如果行为邪恶，举止无礼，则儿童的行为邪恶，举止无礼，也就无法改正。坏榜样比良好的规则更容易被采纳，所以他应该时时留心，不可使儿童受到不良的榜样的影响，尤其是仆人的榜样最危险。儿童不可接近仆人，但是不可采取禁止的方式，应该采取我所说过的别种办法，因为禁止，反而会使儿童想去接近他们。

90　我现在要说的一件事情，在整个的教育工作中恐怕是最不容易见到，而又最难好好地遵守的，就是，儿童从刚能说话的时候起，左右便得有个谨慎、清醒、甚至聪明的人，他的责任在把儿童领上正轨，使他们不去接近一切坏事，尤其是不受不良伴侣的薰染。我觉得这种地方需要很大的镇定力、忍耐心以及温柔、勤勉、谨慎种种德性，具备这种种德行的人是很难用通常的薪额去请来的，也是不容易找到的。至于用费一层我以为这是我们在儿童身上花得最好的一份钱。所以，即使比普通多花一点，也不能算贵。谁能在这上面花点钱，使得自己的子弟具有善良的心地，有德行、有能耐而又具有礼貌与良好的教养，则较之用这笔钱去加买田地，便上算得多了。玩具、丝绸、缎带、花边以及种种无用的花费，你都可以尽量地节省，但是这种必须开销的用费是不能够节省的。**使得子弟的财产丰裕而精神贫乏，那不是治家的好办法**。我常常看见有人滥用金钱，使子弟穿得漂亮，住得舒适，吃得很好，无用的仆人雇得很多，但是又使他们的精神受到饥饿，对于他们的最丢脸的赤裸裸的本性中的错误倾向与无知，却不注意去加以遮掩，我见了真感到无限诧异。我觉得这只是为了自己的虚荣心所做出的牺牲，这表示他们为的是夸耀自己，不是真正为了自己的子弟的好处。凡是你为儿子的精神上的利益所做的事，都可以表现你对他的真正的慈爱，即使减少了传给他的财产，也没有关系。一个聪敏善良的人，在别人的心目中，以及在事实上，都很少不是伟大与幸福的；但是一个愚蠢或邪恶的人，你无论留下多少财产给他，仍是既不伟大，也不幸福的。我且请问你，你是不是宁愿你的儿子变成世上某些每年收入五百镑的人，而不愿他变成你所知道的某些每年收入五千镑的人呢。

91　所以，负担一层应该不致阻碍能够负担的人。大困难却在到哪里去找一个合适的人。因为年龄、能力和德行都小的人是不宜于担任这种工作的，而年龄高、能力、德行较好的人，则又不容易请来担任这种工作。所以你应从早四处去访求，因为世界上有的是各种各色的人。我记得蒙旦（Montaigne）在他的一篇文章里面说过，他说博学的卡塞特利阿（Castalio）为要免除饥饿的困厄，便不得不到巴塞尔（Basil）去做制木食盘的工作，而蒙旦的父亲又正想为他的儿子聘请这样一位导师，随便花费多少金钱都是在所不计的，卡塞特利阿也一定愿意以极合理的条件接受这种聘请，可惜的是通不着消息。

92　假如你难于遇到这样一位我们所希望的导师，你也不必觉得奇怪。我只能说，你应该设法去找到这样一位导师，不怕操心，不可省钱。一切事物都要这样才能得到。我敢保证你，假如你能得到一个好导师，你是决不会后悔所花的金钱的，你一定永远会觉得在你所花的金钱之中这笔钱是花得最恰当的。不过你请导师决不可凭信友谊，或者当作善举，也不可信赖夸大其词的介绍。而且，如果你照你所应做的做去，一个人单是具有谨严的声誉，丰富的学识（通常所求于一个导师的不过如此），还是不够资格替你做事的。你在选择导师的时候，要存一种替他选择配偶似的好奇心，因为你不应该存心姑且试试，试得不好，再去更换。这种试试的办法固然对你自己很不合适，对于你的子弟尤其是不合适的。我在这里说来说去，始终要你谨慎从事，我觉得表面上看来，好像我在劝你努力去做一件我所想做而并没有做成功的事情。但是事实上一般导师多半是不称职的，而一般人对于导师的职务又多半不明白，甚而连自己想做导师的人也是一样。大家只要想想这种情形，也许就可以和我表示同感了，就可以觉得，宜于教育青年绅士和形成青年绅士的精神的人不是到处都可以找到的，选择这种人应该比平常格外细心，否则你的目的是不能够达到的。

93 我在上面说过，人人希望做导师的人具有谨严的作风和学者的性格。通常觉得这就够了，一般父母所寻求的也不过如此而已。但是一旦这样一个人把自己从大学里面学来的拉丁文与逻辑等等知识全部灌输给他的学生之后，难道这种装饰就可以使他变成一个优雅的绅士吗？难道就能希望他变得比他的年轻的先生更娴礼仪，更知世事，更有真正的德行与豁达大度的基础吗？

要想把一个青年绅士培养成他所应当培养成的那个样子，做导师的人自己便当具有良好的教养，随人，随时，随地，都有适当的举止与礼貌，此外还要在学生的年岁需要的范围以内，尽量使他经常遵守。这是一种技巧，不是教得好的，也不是从书本上学得来的。除了良好的伴侣与实行相结合以外，什么都不能使它产生出来。儿童的衣服也许可以由裁缝做得很合时，儿童的动作也许可以由跳舞教师教得很时派，但是这些事情固然可以使他显得很体面，却没有一样能够使他变成一个受过良好教养的绅士。不，即使他还具有学问也是不够的，因为弄得不好，学问反而可以使他在与别人交往的时候更加无礼，更加令人难受。**礼仪是在他的一切别种美德之上加上的一层藻饰，使它们对他具有效用，去为他获得一切和他接近的人的尊重与好**

感。没有良好的礼仪，其余一切成就就会被人看成骄夸、自负、无用或愚蠢。

没有教养的人有了胆量，胆量就会带有野蛮的色彩，而别人也必以野蛮相看待，学问就变成了迂气，才智就变成了滑稽，率直就变成了粗俗，温和就变成了谄媚。没有礼仪，无论什么美德就都会变样，反而对他不利。即使德行和才能各自得到了他们的相当的赞誉，但是还不能够使人见爱别人，到处受到大家的欢迎。没有经过琢磨的钻石是没有人喜欢的，这种钻石戴了也没有好处。但是一旦经过琢磨，加以镶嵌之后，它们便生出光彩来了。**美德是精神上的一种宝藏，但是使它们生出光彩的则是良好的礼仪**；凡是一个能够受到人家欢迎的人，他的动作不独要有力量，而且要优美。坚实是不够的，就是有用也无济于事。无论什么事情，必须具有优雅的方法和态度，才能显得漂亮，得到别人的喜悦。在多数的情形之下，做事的态度的影响较之所做的事还要大，人家之感到满意或厌恶，也就在于这个态度。这不单是指见了人要脱帽，或是要问好，而是说应该斟酌对方的人品，按照当时的情形，务使一切言谈、容颜、动作、姿态、位置等等，全都合适，全都安闲自如。这是只有通过习惯与运用才能学会的，不是儿童的力量所能企及的，年轻的孩子不应该因此受到烦扰，但也应当及早着手。当他在有导师管束，还没有自己出而问世的时候，便应学得有点程度才行，因为小事情上面的习惯性的非礼的动作，到了那时再去希望改正，通常都是太迟了的。举止要能合度，先得一切圆熟自然，正同技艺高超的音乐家一样，指端所触，无不成调，不必用心，也不必思索。假如一个人与人交往的时候，他的心理还要提防他的某一部分的行为，那么，它便会现出一种勉强，不自然，不优雅的样子，而不能得到动作方面的协助了。

这是最需由导师亲手去照料与形成的，因为礼仪方面的错误，虽则别人最初就会注意到，但是本人是最后才能听到的。一般人对于这种错误不独极爱加以非议，而且他们的非议在犯者的本人却是永远听不到的，他不能从别人的评判得到好处，不能通过别人的指摘来予以改进。本来，这种地方是很难说的，就是朋友之间，希望对方改正错误，也常常不敢明说，不敢告诉自己所爱的朋友，说他们在某件事上犯了礼仪不良的毛病。别的事上的错误，大家还可以客客气气地告诉别人，叫别人改正别的错误是不伤礼貌，也不伤友谊的，惟有礼仪方面的错误，根本就不能提，即使暗示别人，说他没有礼仪，都是不合于良好的礼仪的。告诉他这种事情的只有那些有权管束他们的人。对于一个成人，则有权管束他们的人也会不肯轻易启齿，即使说了也很难中听。入世不深的人听了人家的批评，无论措辞如何委婉，终归是不高兴的。所以，这种地方是必须由做导师的人集中精力去照料的，他应该在儿童没有离开他以前，尽量使他在一切举止上面养成一种习惯性的、优雅有礼的态度；务使他在后来没有时间、没有心情去接受，或是没有合适的人去教他的时候，他在这件事上可以不需别人的劝告。所以，做导师的人，第一，自己便得娴于礼仪。一个青年绅士从导师方面获得了这种美德，日后所得的好处是很大的。**他凭着这一点点成就，门路就可以更宽，朋友就可以更多，在这世上的造诣就可以更高**，这是他从高等文艺或导师的渊博的百科全书中所学到的困难字句或真正知识所赶不上的；那些字句和知识并不是可以忽视的，不过不可把它们看得比礼仪更重要，或竟因此把礼仪排挤掉了。

94　导师除了应该娴于礼仪以外，他还应该深知世故人情，他应该懂得识人的行径、性癖、轻薄行为、诳骗和过失，尤其是他本国的人。学生到了能够懂得这些事情的时候，他要能把这些情形告诉他，他应该使学生练达人情，应该把各色人等的假面具向学生揭破，使学生看得出假面具底下的真相，免得他像一般没有经验的青年人一样，如果没有人从旁提醒，便会以黑为白，以貌取人，自己专务外观，没有别人讽戒，举止就不优美，不到迫不得已，就不自动努力。做导师的人应该教导学生，使他对于不能不去接近的人们的图谋知道猜度，知道防备，对人不可过于多疑，也不可过于置信。但是青年人的本性是最易趋于极端的，他应该把它改正过来。人们常从小事情上暴露出来的本来面目和内心状况，是总有一些迹象，最容易被人家去捉摸的，尤其是当他们没有存心做作，没有提防的时候。他应该使学生习于尽量从这种迹象去对别人加以正确的判断。他应该使他熟悉人世的真情实况，不可把好人看成坏人，或是把坏人看成好人，也不可把聪明人看成傻子，或是把傻子看成聪明人。这样一来，他就可以安安全全，不知不觉地由一个孩子长成一个成人，这是人生一世最危险的一个关头。所以这是应该格外当心的，青年人应该特别小心地渡过这一关，不可照现在一般通行的情形一样，让孩子脱离导师的指导，骤然置身社会，一切全靠自己，其实，当前并不是没有立即堕落的明显危险的。世上最多的例子是青年人离开了严格的教育之后，立刻就变得骄淫放荡，无所不为了。这种情形，我觉得主要的原因是由于教养不得法，尤其是关于人情世故的这一部分。因为他们长养起来的时候，对于世间的真情实况全不知道，一旦置身社会，才发现世间的情形与导师所教的理想状况和自己所想象的全不相同，那时他们一定遇到另外一种导师，被那种导师所说服，那种导师告诉他们说，他们以前所受的管束，所听的教训，全是教育上的一种形式，全是为了拘束儿童用的；说成人是有自由的，他们以前被禁止去享受的事物，现在可以尽量地自由享受了。这种人把世界指示给入世不久的青年，使他到处看到这种时派煊赫的榜样，青年人到了这个时候，也就立即神晕目眩，把握不住了。我的少主人也和其他年岁相同的纨袴子弟一样，想要表白自己是个成人了，于是也去过着一切最放荡的不规则的生活。在此以前他是谦顺端庄的，现在便把谦顺端庄的美德去掉，以此沽誉于人，并以此表示自己的丈夫气概，他一来便去反对导师教给他的一切关于德行的规则，以为那就是有勇气。

我觉得在他没有完全置身社会以前便把社会的真情实况告诉他，是预防这种弊害的最好的方法之一。他应该逐渐有人告诉他关于流行中的邪恶的事情，应该得到警告，知道世上有一种专想毁坏他的人，要晓得防备那种人的图谋。他应该有人指点，懂得他们所用的手段，所设的陷阱，此外还要随时把世上一般正在这样趋于堕落的人，或是已经这样堕落了的人的可悲可笑的事例放到他的跟前。现在这个世界并不缺少这种事例，这些事例应该作为他的殷鉴，使他看了一般前途本有希望的青年，只因这样堕落下去了，以致弄得名誉扫地，疾病缠绵，穷困潦倒，被人看不上眼，那时他就可以知道警惕了，知道那些对于堕落了的青年居然也看不上眼，居然也不理会的人，原来就是假装友善，假装敬重他们，使得他们堕落的人，而且当他们正在趋于堕落之途的时候，他们也加入进去欺负他们。那时就可以不必花费代价太大的经验，知道人家之所以劝他舍弃导师所给的严正的训戒，舍弃自己的理智上的主张，说那是被人管束，他们实际的目的，不过是想自己管他而已；他们使他相信自己是个自作主宰的成人了，寻的是自己的快乐，其实呢，他还完完全全是个孩子，被他们引诱去做最有利于他们的坏事。这是一种知识，做导师的人应该随时灌输给他，应该用尽一切方法，使他懂得，使他彻底信服。

我知道常有一种说法，认为把当代的邪恶的事情告诉一个青年人就等于把那些事情教给他。我承认，就实际情形而论，这是很对的，所以才需要一个小心谨慎的学者，他应该懂得世间的实情，能够判断他的学生的心性、倾向和弱点。此外还要记得，在现在这个时代（在往日也许是一样），要想使得一个青年绅士完全不知道邪恶的事情以免染上邪恶是不可能的，除非你想把他一生一世都关在密室里面，永远不准他和别人来往。他这样被蒙蔽的时间愈久，则一旦走到光天化日之下，便愈加看不清楚了，愈加容易做自己与别人的牺牲品。一个大孩子初见世面的时候，态度端端庄庄，全城的鸟儿一定都注意他，一定都在啁啁私议，其中便不免有些鸷禽猛鸟，马上向他振翅飞去。

对于人世的唯一防备，就是彻底懂得世情，一个青年绅士应在他的能力以内逐步走进世间，而且越早越好，那样就有可靠的练达的才能去引导他。场幕应该渐渐地展开，他入场应该一步一步地走去，他的身边有从各种地位、各种气质、各种图谋和各种小集团的人所带来的危险，也应加以指点。他应该准备着遭受一部分人的打击，获得另一部分人的爱护，应该事先知道，什么人会反对他，什么人会欺骗他，什么人会陷害他，什么人才会为他效力。他应该受到教导，去知道他们，分辨他们；应该知道在什么地方就当让人看见，在什么时候对于别人和别人的目的与图谋就要装作不知道。假如他过于相信自己的力量和本领，要去冒险，那么，让他间或受到一些挫折，吃一点苦，只要不致损伤他的清白、健康或名誉，也不失为是教他加倍小心的一个好办法。

我认为这里面有种绝大的智慧，不是泛泛地用点思考，或者多读一些书就可以得到的，这是由于一个人睁开眼睛在世上过日子，接触过各种各样的人，有了经验，经过观察的结果。所以我觉得，我们最值得利用一切机会，去把它教给青年人，使他日后自己投身人海之中，不至于像那些迷失了航线，失落了指南针或航海图的航海家一样，他事先注意到了暗礁、浅滩、急流和流沙的所在，并且又懂得一点点驾驶的技术，他在获得经验以前便不至于遭没顶之灾了。凡是不觉得这种知识对于他的儿子较之文字与一般学者所学的科学格外重要，他也格外需要一个教师的人，他就是忘记了，正确地判断人，使自己与别人聪敏地相处的用处，较之说说希腊文与拉丁文，或者和人辩论得体是巨大得多的，也较之把子弟的脑袋充满物理学与玄学的深奥理论，要有用得多。一个绅士与其做一个良好的逍遥学派（Peripatetic）或笛卡儿学派（Cartesian）的学者，远不如娴熟希腊、罗马的作家，因为那些古代的作家对于人类的观察与描写很成功。凡是到过亚洲东部的人，就可以发现一些有能力而又可亲近的人物，他们并没有以上所说的种种学识；**但是一个没有德行，不懂人情世故，没有礼仪，却有成就，并是有价值的人**，这样的哪儿都是找不到的。

现在欧洲一般学校时兴的学问和教育上的照例文章，对一个绅士说来，大部分都是不必要的，不要它，对于他自己固然没有任何重大的贬损，对于他的事业也没有妨碍。但是持重和良好的礼仪却是人生的一切身份与事件中都不可少的。大多数的青年人都因为不持重，缺少礼仪，而吃了苦头，他们入世的时候，也因为这个缘故，不能一如理想中的情形，显得生疏拙劣。因为这种种品性本来是最应该有人去教导，最应该得到导师的帮助的，可是大家常不重视它们，把它们看成导师职分里面的小事，或竟认为不是导师职分中的事。大家嚷着的只是拉丁文和学问，大家最注重的只是使他精通那些大部分不是一个绅士所应当精通的事情，绅士需要的是事业家的知识，合乎他的地位的举止，同时要能按照自己的身份，使自己成为国内著名的和有益于国家的一个人物。一个人如果还有多余的时间，或是对于某门学问经过导师一番初步的指点之后，立意还想再求深造，再研究，那么，他在那项学问上面以前既然学得了一点基本的知识，此后便已有了自己用功的门路，想望中的或能力范围以内的目的便可以尽量达到了。如果他觉得遇到困难时希望得到教师的帮助，去克服那些困难，以为可以省些时间与气力，那时他也尽可以找一个对于那些困难真有本领的，或是去选一个他以为最合于他的用处的人。至于发动学生去学习青年人日常不能不学习的任何学问，有了导师的普通本领就够了。做导师的人不一定要是个通儒，也不必对于青年绅士所要略知门径的科学完全懂得透彻。一个绅士想要更进一步，再求深造，那便只有在日后凭借他自己的天才与努力，**因为世上具有高深学识，在任何科学方面享有大名的人，没有一个是在教师的管束之下得来的。**

导师的重大的工作在于养成学生的风度，形成学生的心理；在使学生养成良好的习惯，怀抱德行与智慧的原则；在逐渐将人世的真情实况显示给学生，在使学生喜爱，并且模仿优良的与值得被人称誉的行为；在当学生正做这种行为的时候，给他力量和鼓励。他之所以要使学生去用功，目的只在练习他的能力，消磨他的时间，免得他去游手好闲，去偷懒，并且借此教他努力，习于吃苦，使他尝尝自己的努力所能完成的好处。因为谁会希望一个青年绅士在导师管束之下成为一个有成就的批评家、演说家或是逻辑家呢？谁会希望他钻到玄学、自然哲学或算学的深处去呢？谁会希望他成为一个历史学或年代学的大师呢？固然，这种种学问，都是应该教给他一点点的，但是目的只在启示一条门径，使他看看里面的情形，开始得到一点认识，并不要他长久留在那里。如果做导师的人使学生在那里停留得太久，或是钻研得太深，他就反而会大受责难。但是良好的礼仪，关于人情世故的知识、德行、努力和爱好名誉的心思，那他是不会嫌多的。如果他具备了这种种，他在另一方面所需要的或所希望的东西便不至于长久没有了。

我们既然不能希望学生有时间和精力去学习一切事物，所以最大的精力便应当用在学习最需要的事情上面。他在世上最需用、最常用的事物，也就是他所最当追求的事物。

辛尼加埋怨过他那个时代的相反的做法，但是在辛尼加的时候，却不像现在的情形一样，Burgersdiciuse 和 Scheibler 到处都是。假如辛尼加生在现在，看见一般导师以为自己的最大的任务就是把这种作家去充塞学生的课业和头脑，他真不知会有什么感想。他一定更有理由去说他所说的，**“我们不是教他们生活，而是教他们学问”**（Non vitae, sed scholae discimus）了，我们学习，不是为生活，而是为辩论；我们受了教育，**结果只会停在大学里面，不能跑到人世间去。**不过造成这种风气的人之把风气去适合他们自己的所为，不去适合学生的所需，原也不足为怪。在这件事情以及别的事情上面都是一样，一旦风气养成之后，风气当然流行一时，谁能说是稀奇？同时那些眼看风气易于得到大家的信从则他们自己的利益便愈巨大的人们，见了有人背叛风气，他们中间的大多数人当然便要立即斥责那个人是邪说异端了，这又有什么稀奇呢？可怪的是一般有地位、有才能的人，居然也被习俗与默信这样深深地引入了歧途。他们假如问问理智，理智便会告诉他们，说他们的子弟的时间应该用在获得一些对于他们日后长大成人有用的事物上面，而不在于把他们的头脑填满一些废物，那种废物他们日后一生一世通常是决不会再去想到的（他们当然根本用不着再去想）。万一他们保留得有一些，对于他们反而不好。这种道理本来是大家都很知道的，所以我要请花钱使儿子学到这种废物的父母们想一想，看他们的儿子投身社会的时候，身上带着一层受过这种教育的色彩，是不是很可笑？看他们在稠人广众之中，一旦露出了这种痕迹，是不是会使他们变得渺小，失掉体面？人们在最需表现自己的才能和教养的时候所觉得愧恧的东西，才是一种可羡的学识，才值得当成教育的一部分。

此外还有一层理由，表明礼仪与人情世故的知识为什么是一个导师所最当具有的，就是，因为一个有才力而又上了年岁的人，自己对于任何科学尽管没有多少心得，他还是可以指导学生学得相当深入的。这方面的书籍就可以供给他，指示他，使他够去领导一个年轻的后生，但是他自己对于人情世故，尤其礼仪，若是一个外行，他是决不能够使得别人明白人情世故，娴于礼仪的。

这种知识他是应该随身具备的，他应该利用应用与交际，并且应该参看上流人士里面所实行、所容许的情形，经过长期训练，使这种知识组成他自己的一部分。若是他自己没有这种知识，他是没有地方可以借来，去供他的学生使用的；他即使能够找到里面有适当论文的一些书籍，详详细细讲到一个英国绅士应有的行为，但是如果他自己是个没有良好教养的人，他的不良的榜样便会毁掉他的全部教训；因为一个从粗野的、没有良好教养的伴侣中间长大成人的人，决不能够变成一个上流的人。

我说这种话，意思并不是说我觉得这种理想中的导师天天可以碰到，或是能用普通的薪水聘请得来；我的意思是说，有力量的人对于这种关系重大的事情是不要怕去寻访，不要吝惜金钱的。至于不能花大量薪水的父母，也要记得，他们选择导师去教育子弟的时候，应该知道最该睁开眼睛，特别注意的是些什么；当子弟是由自己照管，跟在自己身边的时候，要知道自己有些什么地方最当检点；不要以为一切事情全在拉丁文、法文或逻辑和哲学的枯燥系统上面。

亲　近

95　但是回头再说我们的方法吧。我虽然说过，说教育儿童的主要工具是利用父亲的正颜厉色，使儿童从小便知畏惧。但是我的意思决不是说，在他们当学生，受管束的时期以内，这种方法对他们应该永远施用，毫不改变。我觉得一旦他们的年岁够了，做事知道审慎，而行为又很良好的时候，这种管束的方法便当赶快放松；而且一到儿子的年岁长大，能够和他亲近的时候，做父亲的人还应当进一步和他亲切地谈谈；甚至还可以就他所知道或了解一点点的事物，征求他的意见，和他商量商量。这样一来，做父亲的人就可以得到两个很大的好处。第一个好处是，可以使得儿子认真地用番思考，这不是任何规则或劝告所能给他的。你愈是及早把他当作一个成人看待，他便愈能及早变成一个成人；假如有时你能让他和你认真地谈论谈论，你便无形之中把他的心理提高了，使他不复耽于青年人所好的一般娱乐，不复把心思用在一般浪费精力的小事上了。因为显而易见的，有许多年轻的人，因为父母对于他们的态度老是疏疏远远的，不很看重，以致思想谈吐，老像一个小学生的样子。

96　用这种办法去对待他，你还可以获得一桩更大的好处，**就是他对于你的友谊**。有许多做父亲的人，虽则也曾斟酌儿子的年龄与情况，酌量给他们一点宽待，但是他们不把他们的产业和自己的心事告诉他们，好像不把国家的秘密泄漏给敌人或侦探一样。这种态度，即使不像一种忌妒的心理，但也不是父亲对于儿子所应有的和蔼亲切的表现，它无疑地是常会使得儿子跟父亲攀谈与信赖父亲时，缺少或减少应有的愉快与满意的。我常见一般做父亲的人，非常爱护他们的儿子，可是一生一世，对于子弟的态度老是执拗不化，老是保持自己的威严，不和他们接近，好像自己在世的时候决不能够从他们最心爱的儿子身上得到任何快乐或安慰似的，我真不能不觉得奇怪。**建立和巩固友谊与善意的最好的方法，莫过于互相信赖地闲谈心事与家常**。没有这一点，则别种慈爱终久是要留下一些疑隙的。不过一旦你的儿子看见你把胸襟向他展开了，看见你因为要交给他的事物终会到他手里，所以你的事情也肯让他参与了，那时他便会关心你的事情，如同关心他自己的事情一样，你既然并不把他当作一个外人看待，他便会去忍耐地等待自己的机会，同时又能爱你。并且这样一来，他又可以知道，你的一切享受并不是没有顾念的；他对于这种地方愈是懂得，他便愈加不会忌妒你的所有，他便愈会知道自己能有这样一个好意的朋友，这样一个谨慎的父亲，替他照管一切，实在是自己的幸福。青年人有了一个可靠的朋友，遇事可以依靠，随时可以商量，若是还不喜欢，这种缺乏思想、没有知识的人，世界上是很少有的。做父亲的人对于儿子过于冷淡，过于疏远，那是常常会使他们的儿子得不到保护的，那种保护的利益远在一百次詈骂斥责之上。如果你的儿子要寻一点欢乐，或者要逞一点妄想，他做的时候，与其全不使你知道，岂不还是让你知道一点的好吗？因为青年人终究是应该在这种事情上面得到一点宽容的，你对于他们的图谋愈能多多知道，你便愈有能力去防止重大的过失。你可以使他事先看到事情的结果，这就算是用了一种正当的办法，使他可以避免那些比较轻微的烦恼了。**你愿意他向你开诚布公，请教一切吗？你便应先去这样对待他，用你自己的态度去取得他的信赖。**

97　不过无论他向你请教什么事情，只要那事情不致产生致命的，不可补救的过失，你就可以自居于一个经验较多的朋友，发表你的意见；不可在你的意见当中渗上命令或权力的成分，也不可与对待你的平等的人或生客有什么分别。否则他便从此以后，再也不会向你求教，再也得不到你的指导的益处了。**你应该把他看做一个青年人，他有你所有过的快乐与幻想。**你不应该希望他的倾向和你一模一样，你也不应该希望他在20岁的时候的思想和你在50岁时候的思想没有分别。你所能够希望的只是，青年人虽然应该有点自由，可以稍微放逸一点，但是通过儿子的机敏与父亲的照顾，不致产生十分重大的害处。达到这个目的的方法，我以前说过，是当儿子有了能力的时候，你要和他谈谈你自己的事情，把事情亲切地向他提出，征求他的意见。如果他的意见说得对，你便照他所说的去做；如果做成功了，你便使他得到称誉。这种办法不独决不会损伤你的威信，反而可以使他更加爱你，更加敬重你。你保有你的财产，财产的权柄还是在你自己的手里；而且你的威信加上信赖与和蔼之后，威信就更可靠。因为只有当他不敢得罪你这么一个好朋友，不是单单恐怕失掉将来的一部分希望的时候，你才有支配你的儿子的力量。

98　亲切的交谈，如果合于父亲用来对待儿子，它就更合于导师用来对待学生。师生相处的时候，不可把全部的时间都用在教训上面，也不可尽由导师摆布，吩咐学生遵守这样那样。**导师也要听听学生的意见，要学生做什么也得使他习于用理智去想想**，这样一来，规则就更易被接受，生了根就会更深，学生也就会乐于读书，乐于受教了。他看见自己有了知识便能谈论事情，看见大家谈话的时候，他也居然能够参加进去，他所说出的道理居然有时也有人赞成，也有人听取，他就会因此感到乐趣与信任，就会开始看重知识了。尤其是关于道德、持重与礼仪方面的事情，应该把事例告诉他，让他判断。这种方法能够启发儿童的悟性，那是格言所赶不上的，无论如何解释得明白的格言都赶不上，而且它还可以使得规则记得更牢固，能实行。事情是这样印入心里的就会连同证据一道存在心理。至于话语，充其量也不过是对事物的无力的描述，还够不上称作事物的真正影像，是会很快地被忘却的。他如果对事例发表过自己的意见，有了适当的时机能和导师一道加以论证，那么，他对于仪态与正义的基础和标准，懂得必定更加透彻，对于自己应做的事情，印象必定更加活泼持久，较之一味沉默地、不经心地、昏沉地听取导师的讲话，效果要好得多。至于遇到任何问题就去吹毛求疵地从逻辑上辩论一番，或是拿出自己的雄辩来，那就更加赶不上这个办法了。这两种办法，一则把思想用在机智和虚伪上面，不用在真理身上；一则教人谬妄与斗口；两者都是可以破坏判断能力，使人不复遵循正当而又公平的推理的。所以凡是想要改进自己，见爱别人的人都应设法避免。

敬　仰

99　你一方面使你的儿子知道他是倚靠你的，是在你的权力的管束之下的，你便树立了威信；同时，如果他顽梗地坚持着你曾禁止过的坏行为，尤其是说谎，你就始终用严厉的态度去对待他，使他对你产生了一种必要的畏惧的心理。在另一方面，你对于他在各种年岁的时候所应有的自由，又能让他尽量去享受，对于他的稚气的举动，欢乐的态度，也看成他在年纪极轻的时候的必有的现象，与食肉或睡眠一样缺少不了，使他在你的跟前不受到约束。你把他看成你的一个伴侣，宽容他，爱怜他，尤其是当他做事做得好的时候，便用合于他的年岁的、“自然”教给父母的、比我教得更好的种种方法去抚爱他，向他表示亲热，使他知道你在照顾他，爱他。你用这种种对于子女决不会缺少爱怜的方法，就使他对你产生了特别爱慕的心思；这时他就达到你所希望达到的境地了，你便在他的心里养成了一种真正敬仰你的心思，以后应当小心地永远把它保持下去。**这里面的两个部分，即爱与畏，都得加以保持，作为你去永远支配他的大原则，使他的心理走上重道德与爱名誉的大道。**

100 一旦这种基础打好了，你知道这种敬仰之心在他身上起了作用之后，第二步该做的事就是仔细去考察他的气性和他的心理的特性。前面说过，顽梗、说谎和不良的行动，都是自始就不能够容许他的，不管他的气质如何。这种邪恶的种子是一点点根都不能生的，如果它们在他身上出现，立刻就得小心地除掉。你要在他刚有知识的时候就去建立你的威信，用你的威信去影响他的心理，使它成为一个自然的原则，不知道它的起源，不知道它的真相，也不知道它还可以是另一种样子。除此以外，再也不知其他。这样一来，如果他的敬仰你的心情能够及早树立起来，它在他的心目中便成了神圣不可侵犯的，他便很难反抗它了，正同很难反抗他的天性中的原则一样。

101 你这样及早树立了威信，同时，当你发觉他有养成任何不道德的习惯的倾向的时候，你又温和地运用你的威信，立即使他感到羞耻而纠正过来（因为除非是顽梗不化和怙恶不悛，到了绝对必要的时候，我是不主张斥责，尤其不主张鞭笞儿童的），你最好考虑一下他的天性使他倾向那个方向。由于不可改变的本性，有些人是强悍的，有些人是懦弱的，有些人自信，有些人很谦虚，有些人温驯，有些人顽强，有些人好奇，有些人粗心，有些人敏捷，有些人迟钝。人类的心理构造与气质之彼此不同，并不亚于他们的面孔与体态方面的区别；所不同的只有一点，就是面孔体态方面的特点，日子愈久，年龄愈大，就愈明显，愈加容易看出来；但是心理上的特性则在儿童还没有学会隐瞒自己的弱点的技巧，还不知道在外表去装模作样以期遮掩自己的不良倾向的时候，最容易看明白。

102 所以，**你对于令郎的气质，应该及早就去仔细考察，而且要在约束最少的时候，当他正在游戏，当他自以为不在你的视线之内的时候去考察。**看他的主要的感情与主要的倾向是什么，看他是强悍还是温柔，是勇敢还是羞涩，是慈和还是残忍，是开朗还是缄默。因为他的这些方面不同，你对待他的方法也应有所不同，而你运用威信的方式也不能一样。这种种天生的僻性，这种种本性的倾向，不是规则或直接的斗争可以改正的，尤其是那些产生于恐怖与颓丧的比较谦抑的倾向是如此，虽则运用技巧也可以把它们大大地加以改正，使其变得有用。不过你要知道，即使用尽方法，一个人的倾向也永远是偏在“自然”最初所安排的那个方向的。假如你在他刚刚出世的时候就去仔细观察他的心理特性，日后到他长大成人，情况变复杂了，他以种种伪装去行动的时候，你便永久能够断定他的心思究竟倾向那里，知道他的目的究竟是什么了。

控　制

103　我以前向你说过，说儿童是爱自由的，所以凡是适合他们的事情，他们都应该去做，不能使他们感觉到有任何的约束。现在我要告诉你，他们还爱别的事情，那就是控制，这是大多数日常的、自然的、邪恶习惯的根源。这种爱好权力和控制的心思很早就表现在下面两件事情上面。

104　第一，我们知道儿童差不多刚刚生下地（我相信是远在能够说话以前）就哭泣、使性、乖张、不高兴，为的不是别的，只是要如自己的意愿而已。他们要别人顺从他们的愿望；他们要左右一切的人随时服从他们，尤其是对于年龄或地位和他们相差不远或比他们低的人，他们一到能按这些区别去看人的时候，就会如此。

105　还有一件事情可以表示他们是爱好控制的，就是他们爱把东西据为己有，他们要占有，他们觉得自己可以由此得到权力，同时又有随意处分物品的权力，感到高兴。这两种性情儿童很早就有，谁没有把它们看出来，就是很少注意儿童的行为的人，它们差不多是一切扰乱人类生活的不公正与竞争的根源，凡是不想及早把它们刈除，代以相反的习惯的人，便是忽略了奠定一个良善可贵的成人的基础的正当时机。要想达到这个目的，我觉得下列各点是有益的。

恳 求

106 第一，我已经说过，儿童恳求的事情，绝对不可让他得到，他们哭着要求的东西，尤其不可给予，甚至他曾提到的东西也是一样。但是这种说法很容易引起误会，以为我的意思是说无论什么事物儿童全都不能向父母去提到，大家或许觉得这是过于抑制儿童的精神，不合儿童与父母应该互相爱怜之旨，所以我应稍微详细解释一下。儿童有什么需要，他们是应该有自由去向父母申述的，做父母的人也应该尽量和善地听取他们的申述，供给他们的需要，至少在儿童年岁很小的时候应当如此。但是，说“我饿了”是一回事，说“我要吃烤肉”又是一回事。儿童申述了他们的需要，他们的自然需要，他们从饿渴寒冷或者别种自然需要所受的痛苦之后，他们的父母以及左右的人有责任去解除他们的痛苦。但是用以解除这种痛苦的事物究竟以哪些东西为最合适，应该用多少，都应该让父母为儿童去选择与安排，他们不可自己去抉择，说“我要喝酒，我要吃白面包”，只要他们说出了这些名目，他们便应失去这些东西。

107 **在这种地方，做父母的所应该注意的是去分别嗜好的需要与自然的需要**，关于这一点，荷累斯在下面这句诗里面给他们指示得很明白：

有些事物得不到就会使人感到痛苦（Queis humana sibidoleat natura negatis）。

如果真是自然的需要，则没有别的帮助的时候，理智是没有力量单独抗拒，或者使它不来打扰我们的。疾病、伤害、饥饿、干渴、寒冷、失眠、缺少休息，或是劳动过度的部分缺少歇息，这种痛苦是我们人人感觉得到的，那怕心境最好的人也不能不感到不舒服。所以应该用适当的方法去消除它们，虽则我们在时间上耽误一点点，若是不致发生不可救药的危害，最初对待它们都不可焦躁或性急。自然的需要所产生的痛苦，**就是一种警告，叫我们当心后面的更大的危害**，所以这种痛苦是不能完全不去理会的，也不可过于勉强。不过，若是我们照顾得法，儿童的心身日益变强壮，那么，他们愈能忍受这种痛苦，对于他们就愈有好处。在这里，我用不着提出任何警告，说这种锻炼只能限于使儿童得到好处，说使儿童忍受痛苦的时候不可损害他们的精神，也不可伤害他们的健康，因为做父母的人做来只有过于温和的道理。

但是自然的需要无论应该得到何种满足，嗜好的需要却是决不可使儿童得到满足的，连提都不可让他们提到。他们只要提到这种需要，他们便该失去这种事物。他们需要衣服的时候，是应该得到衣服的，不过如果他们提到要这种材料，要那种颜色，他们就绝对不可得到。我并不是要做父母的人在无关宏旨的事情上面故意去和他们的子女作对，反之，只要儿童的举止值得要，你又准知道不会毁坏他们的精神，或是把他们的心理弄脆弱，不会因此使得他们爱去注意琐碎的小事情，我觉得一切东西应该尽量料理得使他们得到满意，好使他们感到事情料理得好的安适与快乐。最好是儿童根本不从这种事情上面去求得快乐，不以他们的嗜好去调节他们的兴致，他们对于自然安排好了的一切事情，最好全不关心。这是他们的父母与教师最该做到的一点，但是在这一点没有达到目的以前，我在这里所反对的只是儿童的恳求的自由，要使他们在这种嗜好事情上面的恳求永远达不到恳求的目的，要加以约束。

天性慈爱的父母生性是放任的，他们也许会觉得这种办法太严酷了一点，其实，这并没有超过必要的限度。因为我所主张的方法是废除鞭笞，所以这种限制他们说话的办法对于我们在别处所说的使儿童养成畏惧父母之心，并且保持他们对于父母的应有的尊敬与敬仰，很有好处。此外它还可使儿童养成一点克制的功夫，去克制他们的嗜欲。他们由此就可习得一种技巧，每当欲望刚刚发生，还在最容易克制的时候便去加以克制。因为我们的欲望有了间隙就会大肆活跃的，凡是敢于把自己的欲望作为要求提出的人，他的意思就差不多认为自己是应该得到满足的。我相信，这种地方一个人自己去克制比别人去克制要容易。**所以儿童应该及早习于在放任他们的嗜欲之前，去问问理智，运用理智。**阻止他们，不使他们说出口来，就大可以帮助我们克制我们的欲望。儿童一旦获得了这种习惯，不去多幻想，在说话以前能够想想该不该说，这在日后比较关系重大的事情上面，对他们的利益是非同小可的。因为有一件事情我是不惮再三再四叮嘱大家的，就是儿童所好的每一件动作，不管事情的性质如何，大小怎样，我们最应该（我差不多要说是唯一的）考虑的是，它将对儿童的心理发生什么影响；要考虑它会使得儿童养成怎样一种习惯；要看它在儿童年岁较大的时候，对他合不合适；还要看一旦加以提倡，到他长大成人的时候，它会把他领到哪里去。

由此可见，我的意思并不是故意要把儿童弄得不舒服。这是太残酷、太恶毒的，会使儿童受到传染。他们应该克制自己的欲望；他们应该习于克制嗜欲，身体也要练习劳苦，这样去把他们的身体与精神弄饱满，安适与健壮，这都不会使得他们感到任何恶意。他们恳求什么东西便反而每次失掉那些东西，这就可以使他们学会谦逊、顺从与忍耐，但是应该把他们心爱的事物去奖励他们的谦逊缄默，使他们知道当初极力要使他们这样服从的人，原来为的是爱护他们。他们现在能够安于不要自己心爱的事物，便是一种美德，日后便应该拿点与他们合适而又为他们所中意的东西去奖励他们；给予这种奖励应该作为他们的善良行为的自然结果，不可作为一种交换条件。不过，如果他们能够从别人那里得到你所不肯给予的东西，那么，你的力气便是白费，而且还会失去他们对于你的爱与敬仰。这是最应该制止，应该小心地监视的。说到这里，我又不能不想到仆人方面了。

好奇心

108　如果这种训练能够及早开始，如果他们从小就能习于抑制自己的欲望，不说出口来，这种良好的习惯就可以使他们安静下来。一旦他们年岁长大，做事更有斟酌的时候，如果是他们的理智而不是感情出来说话，他们是可以多得到一点自由的。**因为凡是理智所说的话都应该听取。**但是他们说要某件东西，除非那件东西是你先去向他提起的，你便决计不可听他的话；同样，如果他们想知道某件事情，追问某件消息，你就应该听取他的问题，要公正地和善地答复他们。儿童的其他嗜欲应该小心地抑制，**但是好奇心应该小心地加以鼓励。**

消　遣

虽则一切嗜好中的欲望都应该严格制止，但是有一种情形是应该有个说话的机会，是应该加以听取的。消遣与工作或食物是一样的必要。但是消遣是不能不有快乐的，而快乐却不是永远根据理智的，它根据嗜好的时候还多些，所以儿童不独要准他们自己去寻消遣，而且应该依据他们自己的方式去消遣，只要他们自己的消遣方式没有害处，不致损害他们的健康就够了。因此，在这件事情上面，如果儿童提到某种消遣，我们是不该拒绝他们的。虽则我觉得在良好的教育里面，儿童是很少用得着要由自己去要求这种自由的。我们应该当心，凡是有益于儿童的事情，都应该使得他们快快乐乐地去做，在他们对于某件有益的事情还没有做厌以前，我们便应该及时设法使他们改做别件有益的事情。但是他们如果还不够好，还不能把进步看做一种消遣，你便应该让他们去做他们所好的幼稚的游戏，应该让他们做够，使他们不想再做。**但是他们在做有益的事情的时候，他们就永远要留点余味就离开**，至少也要在没有感到疲倦，没有十分作厌以前就放手，使他们再想回头去做，如同再想回到一件使他们得到消遣的快乐事情一样。因为儿童在做有益的事情的时候，要能感到快乐，他们的身心要更番做着有益的练习，使他们的生活与进步在一连串的消遣中变得快快乐乐，疲倦了的部分永远可以得到休息，在此以前，你决不能够认为他们已经上了正轨。至于这种境地是不是各种气质的人都能达到，做导师与做父母的人是不是肯去努力，是不是能斟酌，能忍耐，能使儿童去达到这个境地，我都不知道。不过，如果采用一种正当的途径，使得儿童想要获得别人的信任、尊重与名誉，则大多数的儿童都能达到这个境地，这是我一点都不怀疑的。他们有了这样丰富的真挚的生活，你就可以任意和他们谈论那些最能够使他们得到快乐的事物，加以指导，或是予以放任了；他们就可以明白自己是在受到爱护与抚爱，教导他们的人并不是一味反对他们得到满足的敌人。这种办法就可以使他们爱慕那些指导他们的人，爱慕那些被指点的德行。

诉　苦

使儿童在消遣方面得到自由，此外还有一宗好处，就是由此可以看出儿童本性中的气质，看出他们的倾向和才能，这就可以指导贤明的父母去为他们选择生活的途径和事业，同时，如果发现儿童的本性中具有任何错误的倾向，也就可以想出适当的方法去补救。

109　第二，儿童在一起的时候总爱互争雄长，爱以自己的意志去支配其余的人，凡是发动这种竞争的人，一定要受到制裁。不独受到制裁，而且还要教他们彼此尽量学会一切谦顺、殷勤和礼貌。他们如果知道这种美德可以使自己得到别人的尊敬、爱与重视，同时自己的地位又不会因此蒙受丝毫损失，他们就会更加喜爱这种美德，而不喜欢无礼地控制别人了，因为事情是明明相反的。

孩子们互相攻讦，通常都是一种愤怒与报复的呼声，想要取得别人的帮助，这是不可好意地接纳，也不可听取的。诉苦可以使他们的精神变脆弱，如果他们有时候受了别人的阻遏或痛苦，能够忍耐下去，不以为奇，也不以为忍无可忍，他们这样及早学点忍耐的工夫，受点锻炼，对他们是没有害处的。不过你对于告诉的一方面虽然不可推波助澜，但是对于加害一方的侮慢与暴恶，是应该加以制止的。如果事情是你当面看见的，你便要当着被害者的面加以斥责，如果告发的事情的确值得你注意，省得下次再发生，你便要把加害的儿童单独加以斥责，不使告诉的一方面看见，叫他去向对方赔罪。这种赔罪的方式表面上似乎是出于他的自愿，所以他必定比较乐意去做，而受者也会比较和善地接受，结果，两人之间的感情就可以增加，你的孩子们的有礼貌的习惯就可以来得更自然。

大　量

110　第三，关于取得事物与占有事物，你要教导他们，使他们能够把自己所有的东西分给朋友，一点不为难，不吝啬，要使他们从经验中知道，**凡是最大量的人总是最富裕的人，而且还可以得到别人的敬重与称誉**，这样一来，他们很快就会学着这样去实行了。我觉得这种办法较之为儿童立下许许多多关于礼仪的规则，把他们常常弄得昏头昏脑的办法，可使兄弟姐妹之间来得更和睦，更有礼貌，并且同样推及旁人。贪婪，在我们需要的事物以外还想多去占有，多去支配，这是一切罪恶的根源，是应当及早小心地加以铲除的，那种与贪婪相反的，乐于赠予别人的美德，则要加以培植。这应该多多利用称誉与名誉去鼓励，应该时刻留心，不使因他慷慨而受到任何损失。他无论做了什么慷慨的事情，每次都应该得到加重的报酬；你要使他知道，他对人表示慷慨，对他自己也不是一件吃亏的事；它可以使受到好处的人，以及旁观的人也对他好。你应该把慷慨悬为一个竞争的目标，使儿童这样去争胜。这样一来，儿童经过不断的练习，他们便能把自己所有的东西给别人，不觉为难，他们便会养成温厚的习惯，而且会以自己能够对人和善、慷慨与有礼貌视为一种快乐，视为一种值得自负的事情。

公　道

假如慷慨大度是值得提倡的，我们自然应当格外注意，不可让儿童有侵犯公道的举动；无论什么时候他们有了这种举动，我们便当加以纠正，到了必要的时候，应该严厉地斥责。

我们最初的动作受自爱的支配多，受理智与反省的支配少。所以，儿童做事常常容易离开是非的正当标准，原是不足为奇的，因为心理上的这种标准本是进一步的理智与认真反省的结果。他们愈是容易弄错这种标准，对于他们的防范就愈应严格；他们对于这种重大的社会德行，哪怕只是小节上有点出入，都得加以注意，加以纠正才行。就是最轻微、最无关系的事情也是一样，一则为的教导他们的无知，二则为的防止恶劣的习惯。因为事情的开始，即使只是芝麻大的小事，如果任其自然，就可以酿成更大的欺诈，最后就有变成露骨的、顽固的不诚实的危险。儿童第一次显出任何不公道的倾向的时候，做父母与做导师的人就要表示惊愕与骇然的态度去把它克服。不过儿童在没有明白产业的意义，不知道某些人的产业是怎样得来的以前，他们是不大懂得何谓不公道的。所以，使他们诚实无欺的最安全的方法就是及早把诚实的基础建立在大量与慷慨地把自己所有或所好的东西去给予别人上面。这是可以及早教给他们的，在他们的言语与了解力还不够去对于财产形成明确的观念，不知道某些东西自己有主权而别人没有以前，就去教导。儿童除了赠品以外很少有什么东西，而赠品又多半是由父母给予的，所以最初就可以教导他们，使他们除了他们认为有权力支配东西的人所给予的东西以外，自己不去动手拿东西，或是收藏东西。等到他们的能力扩大以后，才能把别的关于公道的规则和事例以及关于“我的”“你的”的权力告诉他们。如果他们做了不公道的事情，不是因为错误，而是由于意志倔强的缘故，经过温和的责备与羞辱，还不能够改正这种不法的和贪婪的倾向时，就应当采用比较粗鲁一点的方法去矫治。这种办法只是由父亲或导师去把他们所心爱、所认为已有的东西夺掉，收藏起来，或者吩咐别人这样去做也可以。这就可以使他们明白，他们如想违反公道，把别人的东西据为己有，他们是得不到多少好处的，世界上还有比他们更加强有力的人。不过，如果你能及早小心地使儿童对于这种可羞的邪恶感到深恶痛绝（我觉得这是可以做得到的），那才是消除这种罪恶的真正方法，它比任何利害上的打算更能防止不诚实的毛病。**习惯的力量比理智更加有恒，更加简便**，理智在我们最需要的时候，我们从来就很少公正地去请教过，至于服从它的时候那就更少了。

啼　哭

111　**啼哭是一种不可放任儿童的过失**，不仅是因为那充满房屋的、不愉快、不合适的哭声，而且为了儿童的本身起见。此外还有一些更重要的理由，为儿童着想是我们教育的目标。

他们的啼哭有两种：一种是顽强的、跋扈的，一种是吵闹的、怨诉的。

第一，儿童的啼哭常常是为争取优势，是他们的傲慢或顽梗的公开宣告，他们没有能力实现自己的欲望的时候，就吵闹啼泣，来保持他们对于那种欲望的权力。这是他们的要求的一种继续，是因为他们有了心爱的事物，别人不肯给予他们，觉得受了压迫，受了不公道的待遇所表示的一种抗议。

112 第二，有时候他们的啼哭的确是痛苦或真正的忧愁的结果，于是悲泣起来。

这两种啼哭，如果仔细加以观察，是很容易从他们的态度、容色、动作，尤其是啼哭的声调方面分辨出来的；但是这两种啼哭都是不可容许的，尤其不可鼓励。

第一，**顽强的或愤怒的啼哭是绝对不可容许的，因为容许就等于讨人欢喜地去满足他们的欲望，鼓励我们所最应帮助他们去克服的情感。**如果照一般的情形一样，儿童受了责罚就让他们去哭，责罚的好处就会被抵消，因为责罚若使他们这样公然反抗，责罚就会使他们越变越坏。如果儿童受到的约束和责罚不能克服他们的意志，不能教导他们去克制他们的情感，不能使他们的心理顺从父母根据理智给予他们的指导，使他们将来也能服从自己的理智，那么，那些约束与责罚便是用得不得当的，是无效的。如果儿童做事受了阻抑就可以走开去哭泣，他们对于自己的欲望就会更坚持，并且可以助长他们的坏脾气，公然宣布只要有机会就去满足他们的欲望的权利与决心。所以这又是反对常用鞭笞的一个理由，因为一旦到了鞭笞儿童的极端的时候，单单鞭打他们是不够的，你应该等到你已克服了他们的心理，他们已经顺从地、忍耐地屈服在责罚跟前以后，方才可以停止。这你可以从他们的啼哭，从他们听从你的吩咐立刻停止啼哭上看得最清楚。否则鞭笞儿童不过是对他们的任性的专制而已，使他们的身体受到痛苦，却没有使他们的心理得到一点点好处，这纯粹是残忍，不是责罚。这就给予我们一个理由，表明为什么儿童不可多受责罚，同时也可以阻止儿童，使他们不致常常受到责罚。因为假如我们责罚儿童的时候，不是感情用事，而是严肃地、有效地去执行，打的时候不是盛怒地一次打完，而是慢慢地打，在打中间参着说理，并且观察打的效果，一旦他们因此顺从了，悔悟了，便不再打了。儿童知道避免遭打的过失，下次就很少用得着同样的惩罚了。而且采用这种方法，责罚固然不致因为用得太少，徒劳无功，没有效果，同时只要我们看见儿童的心理受了影响，有了改进立即就住手，它也就不会用得太多了。因为责打儿童，次数应当越少越好，而盛怒中的责打却是轻易顾不到那种标准的，通常都是打过了分，虽则实际又不够。

113 第二，有许多儿童遭受小小的一点痛苦就爱哭，受了最轻微的一点点伤害就要诉苦与喊叫。不这样的儿童是很少的。因为儿童在能说话以前，啼哭是他们表示痛苦或是有了需要的最初的和自然的方法，可是大家由于同情他们在那种娇小的年龄的时候是需要啼哭的，却愚蠢地鼓励他们去哭，使它一直继续到远在他们能够说话之后。我承认，照顾儿童的人看见儿童受了任何伤害，他们在责任上是应该同情的，**但是他们不应该用同情的方式去怜悯儿童。**你应该尽力帮助他们，安慰他们，可是千万不能够怜悯他们。怜悯他们可以使他们的心理变脆弱，使他们遭遇一点点轻微的伤害就支持不住，结果，他们就更沉浸于受伤的部分，就把伤害更扩大了。他们应该受得住一切苦难，尤其要受得住身体方面的苦难，除了从真正的羞耻心与敏锐的名誉心所生的事项以外不可得到爱怜。人生的磨难是很多的，我们不可对于每一件轻微的伤害都过于敏感。凡是我们的精神对它不屈服的事情，它就只能产生一个轻微的印象，对于我们的害处很小。**惟有我们的精神受了磨难，我们才有痛苦，痛苦才会延续。精神方面这种坚强与无动于衷的心情是我们抵抗一般罪恶与人生意外的最好武器，这种性情的获得，最能通过练习与习惯去获得，所以应当及早着手，**凡是从小就已受到这种训练的人就是幸福的人。精神脆弱是应该加以防止或医治的，在我所知道的事物之中，啼哭却是最足以使得儿童的精神变脆弱的。所以，从反面看来，防止精神脆弱的方法就莫过于阻止儿童去啼哭。他们因为被打或跌倒受了轻微伤害的时候，你不可怜悯他们的跌倒，应该叫他们照样再做，这样一来，他们不独因此可以停止啼哭，而且这比责备或怜悯他们更可以医治他们的疏忽的毛病，免得下次再跌。但是他们无论受了什么伤害，你要叫他们停止啼哭，这样就可以使他们放安静一点，对于他们的将来也有锻炼的好处。

114 第一种啼哭，须得采用严重的办法去使它停止。如果眼色或正面的命令不能够使它停住，鞭笞就应跟着来到，因为这种啼哭是从骄傲、顽梗与欲望发生的，所以过失根源的意志应该被屈服，应该采用一种有力量去控制它的严格方法去使他变顺从。但是这第二种啼哭的原因通常是心理柔弱，原因完全相反，所以应当用比较温和的办法去对待。劝说他们，或是使他们的心思贯注到别的方面，或是在他们哭泣时取笑他们，最初，这种种方法也许是合适的。不过，在这里，事情的情境和儿童的特性是应该考虑到的。没有什么一成不变的规则可用，应该由父母或导师去斟酌处理。但是我也可以概括地说一句，就是这种啼哭也应该每次遭受人家的冷眼。做父亲的人永远应该利用自己的威信，加重词色，这样去阻止它，儿童的年龄越大，或者气质越刚强，词色就可以越重，不过总以能够停止他们的啼哭、结束骚乱为度。

愚 勇

115 懦弱和勇敢与以上所说的气质很有关系，在这里提到它们也许是不错的。恐怖是一种情感，如果支配得法，也有它的用处。我们由于自爱，虽然知道警惕，知道恐怖，但是有时候会过于勇敢；愚勇和不知危险，正同见了一点点灾祸就吓得战栗畏缩一样，都是不大合理的。恐怖是对我们的一种警告，叫我们加紧用力，使我们防备灾祸的来到。所以，假如我们见了灾难不知道害怕，对于危险不能做出正确的估计，却漫不经心，不管它是一种什么危险，不管有什么用处或结果，甘冒危险，这不是一个理性动物的果断的表现，只是一种兽性的狂暴而已。凡是有了这种气质的儿童的人们，他们唯一的办法就只有唤醒儿童的理智，自卫心对于理智的劝告是能很快地听从的，除非（这是常有的事）有别的情感使得他们鲁莽，失去常识，失去考虑。人类天生是不喜欢灾祸的，我想对灾祸不恐怖的人一定没有，恐怖不是别的，只是我们见了我们所不喜爱的事物的时候所产生的一种不安的心情而已。所以，倘若有人甘冒危险，我们就可以说，他一定是因为无知，或者另外受了别种强烈的情感的支配的缘故。世界上绝没有甘心和自己作敌的人，故意去受灾难，自愿为冒危险而冒危险。所以，假如自负、虚荣心或愤怒使儿童失去了恐怖，或者使他不听恐怖心的劝告，那种种心理便应该采用适当的方法消除掉，使他稍微考虑一下，降低他的火气，自己想想，看值不值得去冒险。但是这种毛病不是儿童所常犯的，我在这里用不着详细讨论补救的方法。精神脆弱才是一种更常见的缺点，所以也是更应注意的。

坚　忍

坚忍是别种德行的保障与支柱。一个人没有勇气是很难尽责的，很难具有一个真正有价值的人的品性。

勇　气

勇气使我们抵抗我们所怕的危险和所感到的灾祸，对于我们这种四面受敌的人生是很有用的，所以我们最好及早使得儿童具备这种武装，愈早愈好。我承认，天性在这里是很有关系的，不过，即使天性有缺点，心的本身脆弱怯懦，它还是可以通过正确的安排获得更大的果断的。关于怎样在儿童年幼的时候不使他们受到恐吓，不因为他们受了一点点轻微的伤害就去哀怜他们，以免他们的精神变脆弱，这是我已经注意到了的。现在要进一步去考虑的是，假如我们觉得他们过于恐怖，应该怎样锻炼他们的气质，提高他们的勇气。

我以为真正的坚忍是当一个人无论遇到什么灾祸或危险的时候，他都能够镇静自处，尽责不辍之谓。这种境地，能够达到的成人就很少，我们不能希望儿童去做到。不过有一些事情是可以做到的。如果指导得当，行之以渐，他们可达到的境地比我们所指望的还要远。

儿童年幼的时候我们没有注意这种照料，大概就是他们长大成人以后不能充分具有这种美德的原因。我们英国人天生是很勇敢的，假若我觉得真正坚忍的德性只是指的决战疆场，不怕在敌人面前牺牲生命的勇气，这些话在我们英国我原是不该说的。我承认，这在坚忍的德性中并不是不重要的，桂冠与荣誉也是应当永远属于为国牺牲的勇士的。但是这还不够。除了战场以外，我们还有从别的方面来的危险；死亡虽然是一切可怖的事物中的最可怖的，但是痛苦、羞辱与贫困也有可怖的容貌，可以使得大多数的感受者困顿不堪；有些人对于这里面的某几点并不畏惧，但是对于其中别的某几点仍是胆战心惊的。真正的坚忍要准备遭受各种各样的危险，无论遇了什么灾祸，都要屹立不动。我的意思并不是说一点都不恐怖。危险来了，恐怖是不会没有的，没有就是愚蠢。**有了危险便应感到危险；要有充分的恐怖心去保持我们的清醒，去激起我们的注意、用力和精力；不过不可让它扰乱我们镇静地运用理智，或者妨碍我们去做理智所吩咐的事情而已。**

懦　弱

要达到这种高贵的刚毅的镇定功夫，第一步就得照我在上面所说的办法，在当儿童年幼的时候，极力使他们避免一切惊吓。不要使他们听到任何可怖的谈话，也不要使他们看到可怖的东西，受到惊吓。这是常常可以使他们的精神受到惊扰与失常，以后再也恢复不了的。他们一生一世，只要听人提到或是想到任何可怖的念头，就会惊慌失措，身体就会瘫软，精神就会紊乱，自己就会畏缩到很难做出任何镇定的或者合理的动作了。这种情形不知道是不是因为第一次的印象太强烈，以致形成了血气方面的习惯动作，还是因为此外尚有更加不可考察的原因，引起了体质方面的改变，但是事实确是这样的。这种精神懦弱，小时候受了惊吓，此后一生一世都受到影响的人是到处都可以看到的，所以应该尽量加以预防。

第二步就要逐渐使儿童习惯于他们所过度畏惧的事物。但是你在这里须得格外当心，这种方法不可急于采用，也不可用得太早，否则毛病不仅不能治好，反而会加重的。怀抱中的儿童容易避免可怖的事物不看，在他们能够说话，能够懂得对他们所说的话语以前，向他们讲道理，使他们知道那些可怖的、我们要他们逐渐接近与习惯的东西其实并没有害处，他们是很难了解的。所以在他们能走能说之先，这种方法是很少用得着的。但是，假如婴孩不喜欢任何不容易使他们不看见的东西，他们看了又总是表示惊惧，那么，你便应当采取转移他们的心思，或给那些东西加上一层可爱的面貌等等消除恐怖的方法，直到他们看惯了，不再讨厌为止。

我觉得我们可以说，儿童初生的时候，他们看见的东西只要对于他们的眼睛没有伤害，他们都是无所谓的。他们看见一个黑奴或者一只狮子，并不觉得比他们的保姆或者一只狸猫可怕。然则他们后来为什么看了某些形状与颜色又害怕呢？没有别的，他们只是怕受到跟随那些东西而来的伤害而已。假如一个儿童每天换个乳母吃乳，我敢预言，他在六个月的时候就不会比60岁的时候更怕生面孔了。所以，儿童之所以不去接近生人，乃是因为他只在招呼他的一两个人手上吃惯了食物，得惯了怜爱，一旦生人抱着他，他就恐惧起来，怕失掉使他快乐，给他食物，随时供给他所常常感到需要的东西，所以保姆走开了他就害怕。

胆　怯

我们天生畏惧的事情只有痛苦，或者失掉快乐。一切视觉中的东西，无论形状、颜色或大小都不带来痛苦。所以，我们在没有从它们那里得到痛苦时，或者有人告诉我们，说它们可以使我们受到伤害以前，我们通通是不怕的。火焰的光彩可以使得儿童喜爱，最初他们总爱去玩弄它，但是他们每次受过极大的痛苦之后，经验就使他们知道火焰是很残忍的，他们以后就不敢再去触它，而会谨慎地避开它了。这就是恐怖的根据，由此就不难找出恐怖是从哪里发生的，它们错怕了东西又应该怎样去医治。如果他们的心理不怕它们，自己有把握，对于比较轻微的、平常的恐怖能够把握得住，他就具备了一种对付真正危险的良好准备。你的孩子看见一只蛤蟆就叫，就跑开吗，你可以叫另外一个人把它捉住，放在离他有相当距离的地方，最初叫他去看惯，看惯之后，再叫他走近它，看它跳跃，不动感情，然后再由别人捉住，叫他轻轻地去抚摸，这样逐步做去，一直做到他能自信地玩弄一只蛤蟆，如同玩弄一只蝴蝶或者麻雀一样为止。采用同样的方法，其余任何不必要的恐怖就都可以消除，只要你能当心，做的时候不性急，他的头一件恐怖没有完全消除之前不要把他推向新的自信。这个年轻的战士是应该这样加以训练，去对付人生的战斗的。你要注意，除了真有危险的事情以外不可把更多的事情当作有危险。你若是发现他对于任何不应恐怖的东西也竟发生恐怖，你就务必不知不觉地逐步诱导他，使他变得不恐怖，去克服困难，受到称誉。他在这种地方获得多次的成功以后，他就会明白，灾祸并不永远如我们所恐怖的那样可怕，或者那样严重。**防止灾祸的方法不是跑开，也不是被恐怖所窘扰、所慑服、所阻止，我们的名誉，我们的责任，都要我们前进。**

大　胆

儿童恐怖的重要基础既然是痛苦，所以锻炼儿童使他们不恐怖，不怕危险的方法就是使他们受惯痛苦。慈爱的父母们也许会觉得这种办法对于他们的儿童太不自然，在大多数人看起来，为的要使一个人不怕痛苦就去使他受到痛苦，他们一定以为是不合理的。大家会说，这种办法会使儿童怀恨使他受到痛苦的人，却不能使他愿意受到痛苦。这是一个稀奇的方法。你不愿意使儿童因为他们的过失而受到鞭笞，受到责罚，但是你又要因为儿童做事做得好而去磨难他们，或是去为磨难而使他们受到磨难。这种种反对的理由，我都相信会发生，我也知道人家会说我提出这种主张是自相矛盾，或者说我想得稀奇。我承认，这件事情做的时候必须十分谨慎，所以，只有能够用心思索，对什么事情都根究理由的人才能接受我的主张，领会它的好处，原是不足为奇的。我不主张儿童因为他们的过失多受鞭挞，因为我不愿意他们把肉体上的痛苦看作最大的惩罚。我主张儿童做事做得好的时候，不妨间或使他们受点痛苦，理由也是一样，就是要使他们受惯痛苦，不要把痛苦看作最大的灾难。教育之可以使青年人受惯痛苦与磨难，看了斯巴达（Sparta）的榜样就可以很明白，凡是不把肉体上的痛苦看做最大的灾难，不把它当作最可恐怖的东西的人，他们所得的德行上的进步是非同小可的。但是我并不是愚蠢地要把斯巴达人的(Lacedaemonian)训练方法在我们这个时代或政体中来实行。我只是说，温和地训练儿童，使他们养成受了一点痛苦而不畏缩的习惯，这是一种可以使他们精神镇定，并且为他们日后的生活奠定勇敢与果断的基础的方法。

第一步应该做到的是，不要每逢看见儿童受了一点点痛苦就去哀怜他们，或让他们去哀怜他们自己。不过，关于这一点，我在别的地方已经说过了。

第二步是，**你要间或故意使他们受点痛苦**，不过要当心，要在孩子高兴，而又知道使得他受到伤害的人对于他们原是怀着好意的时候去实行。实行的时候，一方面不可有愤怒或不高兴的痕迹，另一方面也不可表示同情或后悔；而且所施的痛苦要使儿童忍受得住，不可弄出怨恨，不可使他误会，也不可被他看成是一种惩罚。我曾经知道一个儿童在这种情境中受到这种对待，他被人在背上重重打了几下，还是笑嘻嘻地跑开，他在平时是受了别人一句重话都要啼哭的，即使这个打他的人给他一个冷眼，当作惩罚，他也能感觉得到。你对于儿童永远要照顾他，爱护他，使他知道你纯粹是爱他，然后他就可以逐渐惯于从你那里忍受极痛苦的事情和粗暴的待遇，不会畏缩，也不会怨诉。我们知道，孩子们在游戏的时候天天都是这样彼此相待的。你的孩子越柔和，你就越应当在适当的时候找机会去对他实施这种锻炼。这里面的大巧妙是：要在和他玩得高兴的时候，称赞他的时候去实施，最初要从痛苦最小的事情上面开始，然后不知不觉地逐步推进。一旦你能使他明白，他虽然受了痛苦，可是因为有勇气，得到了别人的称赞，得失已足相抵。一旦他能够从他这种刚毅的表现上感到光荣，能够不逃避小小的痛苦，不在小小的痛苦前表现畏缩，而宁愿取得勇敢的名誉之后；加之这时他的理智也在逐渐增长，你就不怕不能克服他的懦怯，不怕不能改进他的脆弱的本性了。当他年岁较大之后，他就应该去做他的天性所不敢做的更勇敢的事。如果有些事情只要他有勇气去做就应当可以做好的，而他还是畏缩不敢去做，最初你要帮助他，逐渐使他感到惭愧而去做，直到练习使他产生了较大的自信力，做得好了为止。那是应该得到大大的称赞，别人也要表扬他的作为，去奖励他的。通过这种步骤，当他获得了充分的果断，凡是自己应做的事，不因里面有危险就退缩；当他遇到突发的或可怖的事情，也不因为恐怖心里就慌张，身体就发抖，以致不能行动，或是跑开去躲避的时候，他就具备了一个理性动物所应具备的勇气了。我们应该努力设法在有了适当的机会就通过习惯去使儿童获得这种胆量。

残　忍

116　我在儿童身上常常看见一件事情，就是他们如果得到了任何弱小的动物，他们就去虐待它们。他们常常磨难，并且极度粗暴地对待小鸟、蝴蝶，以及其他落到他们手里的弱小动物，引以为乐。我觉得他们这种情形是应该注意的，如果他们表现了这种残忍的倾向，我们就应该把相反的办法告诉他们。因为虐待动物与杀戮动物的习气可以使得他们对于人类的心肠也逐渐地变硬，凡是以虐待和摧残弱小动物为乐的人，他们对于同类也是不会十分同情或仁爱的。我们不要屠户参加生与死的审判，就是注意到了这一点。我们教育儿童，从最初起就要使他们把杀戮或虐待任何生物看成一件可怖的事，要教导他们，不去破坏或毁灭任何事物，除非是为了保存其他更高贵的事物，或者为了它们的好处。保存整个的人类本是人人应尽的责任，也是调节我们的宗教、政治与道德的真正原则，假如人人都把这件工作当作自己的信仰，这个世界一定要恬静得多，和好得多。但是，回到我们目前的本题来吧。我认识一个做母亲的人，我对于她的和蔼与持重都不能不佩服，她的女孩子中间如果有人像一般年轻的女子所爱好的一样，要一只狗，一只松鼠，一只鸟，或是任何诸如此类的东西，她总让她得到。不过一旦得到之后，她们一定要好好地对待它们，时时去照顾，不可使它们感到什么不足，或受到不良的待遇。因为如果她们没有用心照顾，她就认为那是一件重大的过失，常常因此把她们的狗儿、鸟儿之类夺去，她们至少也得因此受到一番谴责，因此她们很早就学会了勤劳与和善了。我觉得一般人从最小的时候起，就应该养成一种习气，要和善地对待一切有知觉的动物，无论什么东西绝对不可伤毁或浪费。

他们从做坏事情所取得的这种快乐（我之所谓做坏事情是指无故伤毁东西，尤其是指使得知道痛苦的东西受到痛苦引以为乐），我觉得只是一种习得的性情，一种从习俗与交往中得来的习惯。一般人教儿童打人，看见他们彼此伤害，或是打伤了别人，就高兴得笑起来；他们左右的大多数人中也有同类的榜样，去加深他们的习惯。历史上谈的差不多也只是战争与杀戮；战胜者（他们多半只是一些杀戮人类的大屠户而已）的荣誉与名声更足以使得成长中的青年人犯错误，以为屠杀就是人类的可贵的职分，是一切德行中的最英雄的德行。这样一来，不自然的残忍习性便在我们身上培植起来了；而人道所畏惧的事情便由习俗把它当作取得荣誉的媒介，使我们不惧怕，推荐给我们了。于是，由于时髦与舆论，它便成了一种快乐，究其实呢，它既不是一种快乐，也不能成为一种快乐。这是应该小心地监视，及早加以医治的；务必把那种与它相反的，比它更自然的仁爱与同情培养起来，来代替它；但是要用医治前面说过的两种过失的同样温和的方法。说到这里，我们要再提醒一件事情，也许不是不合理的，就是儿童所做的坏事或是所生的伤害，如果是出于游戏，出于无心，或者出于无知，他们并不知道那是一种伤害，不是为了想做坏事而做坏事，那么，虽则他们有时候也许可以产生重大的危害，但是可以完全不必介意，或稍予注意就够了。因为我觉得关于这一点我是不会嘱咐得太多的，就是，儿童无论犯了什么事，无论所犯的事结果如何，他们所应注意的只是他犯事的根源和可能养成的习惯。惩罚应当着眼在这种地方，儿童不可因为游戏或者无意之间弄出了任何伤害就受到责罚。应该矫正的过失是在他们的心里。凡是他们的年岁增长之后就可以改正的，或者不致养成恶习的过失，则目前的行动无论如何令人不喜欢，都不必加以任何谴责。

117　此外还有一种方法，可以使得青年人养成仁爱的心情，使它在青年的心田里活跃，就是，使他们对于下级的人，卑贱的人，尤其是仆人，言谈举止都要习于以礼相待。绅士家庭里的儿童对于仆人之使用横暴的言辞，呼以轻蔑的名称，待以傲慢的举止，是常见的事，好像仆人是属于另外一个种族，是比他们低下的一种似的。这种傲慢的情形，无论是由于不良的榜样，是富厚的家资，或是天生虚荣心，都是应该加以防止或消除的。应该使他们对于地位比较低下的人保持一种温和、有礼、和蔼的态度，去代替这种心理。如果他们爱护底下人，外表上又能尊重他们，使他们在服从中分享到主人的看重，他们自己的身份是一点不会因此降低的，他们的高贵的地位反而因此可以增长，威信反而可以更加巩固。仆人们觉得自己并不是因为没有财产，才屈服在主人的脚下，遭受人家的鞭策，他们做起事来便会更加自愿，更加高兴。儿童不可迷于混乱的外表就不尊重人类的天性。他们越是不尊重，他们就越要受到一种教导，使他们的性情变浑厚，对于地位较低、财产较少的同胞越要有同情，越要温和。他们如果从小就凭仗父亲的爵位，以为自己具有支配他人的权力，就待人不好和粗暴地待人，说得顶好，这也是教养不得其法。假如你不当心，就可以使他们本性中的自负的心理逐渐滋长起来，变成一种轻视底下人的习惯。结果不导致压迫与残忍还会导致什么呢？

好奇心

118　儿童的好奇心（这是我在108节上面提到过的），只是一种追求知识的欲望，所以应该加以鼓励，不独因为它是一种好现象，而且因为这是自然给他们预备的一个好工具，他们可用以除去生来的无知的。他们如果不是好问，无知就会使他们变成一种愚蠢无用的动物。鼓励好奇心，使它经常活动的方法我觉得有下列几点：

第一，儿童无论发出什么问题，你不可制止他，不可羞辱他，也不可使他受到讥笑。你应答复他的一切问题，解释他所想要明白的事物，按照他的年龄与知识的能量，使他尽量懂得。不过，你的解释或观念不可超过他所能理解的程度，目前用不着的形形色色的事物不可提得太多，免得反而把他弄糊涂。**你要注意他的发问的目的是什么，不要注意**

他发问所用的言词，一旦你告诉了他，使他得到满足之后，你就可以知道，他的思维本身就可以扩大，适当的答复就可以引导他前进，超出你所想像的限度。**因为知识之为理解所喜悦，正与光线之为眼睛所喜悦是一样的。**儿童极端喜欢知识，尤其是当他们知道自己的问题得到了别人的注意，他们的求知的欲望受到了人家的鼓励与赞扬的时候更是如此。我相信许多儿童之所以专爱无聊的游戏，把全部时间乏味地消磨掉，只有一个理由，就是因为他们的好奇心受到了阻碍，他们的问题遭受了忽视。假如他们能够得到比较和善的对待与尊重，他们的问题能够得到应有的满意的答复，我相信他们就会从学习与增进知识方面去取得更多的快乐，因为那里始终有他们所喜爱的新鲜的与变化了的东西，而不会乐于时时回到同一游戏与玩具中去了。

119 第二，除了认真地答复他们的问题和告诉他们所想了解的事情以外，此外还要采用一些特殊的称誉的方法。你可以当着他们的面，告诉他们所敬重的人，说他们懂得某件事情了。我们从最小的时候起就都是一些自夸自负的动物，你就应当在有益于他们的事情上面使他们的虚荣心得到鼓励，应当利用他们的自夸自负，使他们去做有益于他们自己的事情。根据这种理由，你就可以知道，要使年岁最长的孩子自己去学习并且知道你所要他学习的事物，最好的鞭策莫过于使他去教给他的弟弟妹妹。

120 第三，儿童的问题不可忽视，同时也应格外注意，不可使他们得到虚妄的答复。他们如果受了轻视，或者受了欺骗，他们是容易看出来的，他们很快地就会照着别人的样子，学会疏忽、伪善和虚伪等等伎俩。**我们在一切交往之中，全都不可侵犯真理，尤其是与儿童交往的时候最不可侵犯。**因为如果我们跟他们弄假，我们就不独欺骗了他们，阻碍了他们的认识，而且也毁坏了他们的天真，使他们学会了最坏的恶习。他们是新到一个生地方的旅行者，对于当地的情形一点也不熟悉，所以我们应该拿出良心，不要把他们领错了路。虽然有时候他们提出的问题好像不很重要，我们也应该正经地答复他们。因为它们在我们看来虽是一些并没有发问价值的问题（因为我们对于这些问题早就知道了)，但在完全不知道的人看起来还是很重要的。儿童在我们所熟悉的事情上面，他们都是些生手，他们日常遇到的事情对于他们最初都是未知的，正同以往对于我们是一样的。凡是能够碰到殷勤的人，容忍他们的无知，而又能够帮助他们脱出这种无知的境地的人，就是幸福的人。

凭着我们的明达和知识，我们对于儿童的思想和问题也许看不上眼。但是，我说，假如你我到了日本，假如想要知道当地的情形，我们就无疑地会要发出成千的问题，这些问题在一个傲慢或轻率的日本人看来是会显得极无意义，极不恰当的。虽则在我们看来它们都很重要，都亟待解决，倘若我们找得到一个殷勤而又有礼貌的人，来满足我们的要求，指导我们的无知，我们一定会感到高兴。

儿童看见了新鲜的事情，通常都用一个陌生人的口吻问：这是什么？他们的意思通常只是指那东西的名目，所以，通常对于这个问题的正当的答复就是把那件东西的名目告诉他们。他们通常发出的第二个问题是：它有什么用处？对于这个问题我们的答复要真实，要直接。我们要就他们的能力所能了解的范围以内，把那件东西的用途告诉他们，把用法解释清楚。他们其余发问的时候也是一样，要在他们所能了解的限度以内给他们以充分的满足之后，才能叫他们走开，这样就可以使他们从你的答复里面再去发现新的问题。这种交谈对于成人也许并不完全像我们所想像的一样是无益的，没有意义的。**好问的儿童发出的天真的、没有经人教导过的问题，常常可以使得一个肯用脑筋的人去做一番思索。**我觉得儿童无意中发出的问题较之成人所说的话常常可以使人多学到一些东西，因为成人所说的话是根据他们以前所获的观念和他们所受的教育上的成见的。

121　第四，有时候我们不妨故意使他们看到新奇的事物，使他们发生问题，自己去求得了解，以引起他们的好奇心。万一他们的好奇心使他们问出的问题不是他们所应该知道的，你就最好坦白地告诉他们，说这件事情不是他们可以知道的，不必用假话或冷淡的答复去把他们支吾开。

122　有些人从小就很机灵，这很少是因体格强健之故，也不能导致心理健强的判断。假如要使儿童变成一个谈锋较健的人，我相信是有办法的。但是我认为一个贤明的父亲与其让儿子在儿童时期善于交际，逗人喜欢，不如使他在长大成人以后变成一个能干有用的人。即使那样也是应当考虑的，我觉得儿童能闲谈逗人喜欢，还不如善于推理来得使人高兴。所以，你应当尽力在他力所能及的限度以内满足他的需要，指导他的判断，这样去鼓励他的提问。他的理智只要到了相当完善的地步，你就要使他因此得到信任与赞赏。如果他离开了正轨，你不可讥笑他的错误，你应采用一种温和的办法帮他改正过来。如果他对于所遇的事情肯去推理，你就应该尽量当心，不可让人阻碍他的这种倾向，也不可和他去谈强词夺理的或谬误的话，免得把他导向错误的道上。因为，这是我们心理上的最高而又最重要的能力，应该受到最大的注意，把它培植起来。我们的理智的正当进展与运用乃是人生所能达到的最完善的境界。

闲　荡

123　儿童有时显出一种与好问的性情相反的气质，就是对于任何事情都忽视，都不关心，在他们的正当工作上也是一味地闲混。这种闲荡的性情，我认为是儿童身上最坏的一种品质，如果它是出于自然的，它又是最难医治的一种品质。不过，事情有时候是容易弄错的，所以，我们有时埋怨儿童在读书与工作上闲混的时候，我们应该小心地正确地加以判断。做父亲的人头一次怀疑儿子具有一种闲荡的性情的时候，他应该仔细观察他，看他是不是在一切行动上都显得不经心，不在意，还是只在某些事情上面显得迟缓与懒惰，在别的事情上面却又显得活泼努力了。因为我们虽然发现了他读书不用心，把在房里或读书的时间大部分都浪费掉了，还是不能够立刻就下结论，说是因为他有一种闲荡的气性的缘故。那也许是一种孩子气，觉得别的某些事情比读书更有趣，去想那些事情去了。他是被强迫去读书的，自然就不喜欢他的书本。你要完全知道其中的真实情形，你就应该在他离开读书的地点与时间，任情地在玩耍的时候去观察他。看他是不是忙乱活泼的，看他能不能设计任何事情，努力地热心地去做那件事情，直到达到他的目的，还是一味慵懒淡漠地混日子。如果他的懒惰只限于读书的时候，我觉得那也许是容易医治的。如果根源是在气质方面，那就须得多费一点气力与注意才能治好。

124 如果你看见他在工作之间做游戏，或者做别的他所愿做的事情时是很热心的，知道他本身并不想偷懒，只是因为书籍没有趣味，方才不去注意，不肯用功。那么，第一步就要设法把偷懒的蠢处和不好和善地告诉他，说他这样一来便耽误了好些可以用作娱乐的时间。不过说的时候态度一定要恬静与和善，开始不可说得太多，只要简单地说明这种平易的道理就够了。如果这种办法生了效，你就算是用了最合适的方法，理智和爱，达到了你的目的。如果这种比较温和的办法没有生效，你就不妨取笑他，每天他到桌子旁边的时候，假若没有生人在座，你就不妨问问他，看他那天做事做了多少时候，使他感到害羞而改过。如果他在应该做完的时候还没有做完，你就可以把这情形宣布出来，把它作为他的笑柄，不过不可掺杂斥责，只能稍微给他一点冷淡的颜色，一直到他改正为止。他的母亲、导师以及一切环绕在他左右的人，都要同样地对待他。如果这种办法还没有产生你所指望的效果，你就可以告诉他，他用不着再有导师去教他了，你也用不着再花钱去请一位导师陪着他无聊地消磨日子了。他既然不爱书本而爱这样或那样（无论他喜欢什么游戏），他从此以后便只能专心去做那种游戏。然后极力催促他去做他所爱好的游戏，要他不分早晚，专心去做，一直到他做够了，做到宁愿换换口味，再去读几小时书为止。但是你这样把游戏当成工作叫他去做的时候，你一定要亲自或派人监视他，要使他接连不断地做，不准他在那里再偷懒。我说要你亲自去监视，因为无论做父亲的有什么事，他都值得花两三天工夫在他的儿子身上，去为他治好这样一种在正当工作上闲荡的大毛病。

125 如果懒惰不是起源于他的一般气质，而是对于求学的一种特殊的习得的憎恶（这是你应该用心去考察与分辨的），那么，这就是我的主张。不过，你虽然可以监视他，看他在可以由自己任意去支配的时间以内究竟做些什么，但是你不可使他知道你或者任何别人在那里监视他。因为那是可以阻止他去追求他的嗜好的，他的心里充满了的那种嗜好，可是因为怕你，所以不敢去做他所想望的事，对于其他一切当时不感兴趣的事，他会完全不去理会，于是从表面上看去，他就好像真很懒惰淡漠似的，其实呢，他的心里正在一心一意想着那件事情，不过因为怕你看见，或是怕你知道，所以不敢去做而已。为了弄清这一点，观察要在他不注意你，不因疑心有人在监视而感到拘束的时候去进行。当他这样完全自由自在的时候，你就可以叫一个你所信赖得过的人，去看看他是怎样消磨时间的，看他在没有任何阻碍，能够放任自己的倾向的时候，还是不是一味慵懒地打发日子。你从他这种自由做事的作为上面，就容易分辨清楚，看他之所以混掉他的读书的光阴，究竟是由于气性淡漠，还是由于憎恶书本之故。

126　假如他的天性有什么毛病，以致精神沮丧，自然而然地淡漠慵懒，那么，这种没有出息的性情是不容易对付的。因为在这种情形之下，他对于未来的事情总是漠不关心的，他缺乏行动的两大动力，远见与欲望。对于冷淡的，别扭的性情，问题就在如何培植，并且增进他们的远见与欲望。当你知道他是这种情形的时候，你就应该立刻仔细去考察，看他是不是什么都不喜爱，你要知道他最高兴的是什么。如果你能够发现他的心里具有某种特殊的倾向，你就应该尽力去增进那种倾向，利用那种倾向去使他工作，去激发他的努力。假如他喜欢受恭维，喜欢玩耍，或者喜欢漂亮的衣服等等东西，或者反过来，他怕痛苦，怕羞辱，或者怕你不高兴，无论他所最喜欢的是什么，只要不是懒惰（因为懒惰决不能够使他去用功），你就要利用它去鼓励他，使他自己振作起来。因为这种淡漠的性情不像别的情形一样，欲望是不怕培养得太过的，欲望正是你所需要的，所以你应该尽力去引起它，增进它；因为没有欲望就没有努力。

127　如果你用这种方法还不能够充分支配他，去激起他的精力与活动，你就应该使他有恒地做些体力劳动。这样也许可以使他养成一种习惯，多少做点事情。本来，叫他努力学习是使他养成运用心智的习惯的一个更好的方法。但是因为这是一种别人看不见的注意，谁也不知道他究竟是不是在偷懒，所以你应该给他找些体力工作，使他经常地忙着去做。如果那些体力工作有点难做，有点可羞，那也不错，因为这样一来，它们就更容易使他感到厌倦，使他想回到书本去了。不过你用书本替他交换别种劳动的时候，你所安排的工作和工作的时间必须使他得不到偷懒的机会。只有到他能因此注意书本，肯去用功读书之后，方才可以当他在限定的时间以内学习完了以后，使他从别种劳动中得到一点休息，作为一种奖励去给他。他读书越是有恒，这种劳动就越可以减少，最后，到了他的闲荡不肯读书的毛病完全治好了的时候，它就可以完全取消了。

强　迫

128　我们以前说过，**儿童是喜欢变换，喜欢自由的，因此他们就喜欢游戏。所以我们不应该把书本和别种我们要他们去学的事物当作一种任务去强加给他们。**这是他们的父母、导师和教员所易忘却的。他们心目中想到了什么要儿童应做的事，他们就急于要使儿童去做，就不想设法诱导儿童去做了。但是儿童重复受过几次教训之后，心里很快地就明白了，知道哪些是别人要他们去做的，哪些不是。一旦这种错误的方法弄得儿童对于书本感到不安之后，医治的方法就得从反面着手。这时再要使他把书本看做游戏，已经迟了，所以你就应该采取一种相反的方法。看他最喜欢哪种游戏，就强迫他去玩那种游戏，每天要他去玩好几小时，不是把它当作一种罚他不该游戏的惩罚，而是把它当作他所应做的一种工作。假如我没有弄错的话，这种办法不要几天就可以使他对于他最心爱的游戏发生厌倦，而宁愿去读书，或者去做别的事情了。特别是当读书或者别的事情可以弥补叫他去做的游戏的任何部分，并且会自愿把用来游戏的时间匀出一部分去读书，或者去做别的真正对他有益的事，那就尤其如此。我觉得这种办法至少比禁止他们游戏好（**禁止反而常常可以增加他的欲望**），亦比用别种惩罚的方法去医治好。因为，一旦你使他的欲望得到了过度的满足（除了饮食以外，别的事情都是可以这样做的，不会有流弊），使他把你所希望他去避免的事情做够以后，你就使他生出了憎恶的心思，以后就可以不必怕他再想去做那件同样的事情了。

129 **我觉得这就很明白，儿童通常都是憎恶懒惰的。唯一应该注意之点是，他们的好动的性情应该经常用在对于他们有益的事情上面。如果你要达到这个目的，你就应该把你所愿意他们去做的事情当作他们的一种娱乐，不可当作一种工作。**为了使他们不感到你在中间有所主持，我建议找出一些借口，把你所不愿意他们去做的事情，强迫他们去做，直到他们做够为止，使他们因此厌倦那件事情。比如，你的孩子不是太爱抽陀螺吗？强迫他每天多多去抽几小时，监视着他，要使他抽，你就可以发现，他很快地就会厌倦陀螺，心甘情愿不再抽了。采用这种方法，把你所不喜欢的娱乐当作他的一种工作，他自己就会高高兴兴地去做你所愿意他做的事了，如果把它们当作他做了那种被吩咐去做的游戏的奖励，那他就会更加愿意。因为，假如他每天被吩咐去抽陀螺，不到十分厌倦，不让他停止，这时倘若你肯答允他一句话。把读书作为在规定时间内用劲抽过陀螺之后的奖励，你想他还有不用功读书，不想读书的吗？儿童所做的事情，只要适合他们的年龄，**他们只要有事可做，对于事情的本身是没有什么歧视的。**他们之所以把甲件事情看得比乙件事情重，那是从别人那儿学来的。所以，凡是别人当作奖励去给予他们的事物，他们就真的把它当作奖励看待。有了这种技巧，做导师的人就可以斟酌，看是把跳房子当作跳舞的奖励呢，还是把跳舞当作跳房子的奖励；是使他们喜欢抽陀螺呢，还是使他们喜欢读书；是使他们喜欢掷球呢，还是使他们喜欢研究地理。儿童所要的只是忙，忙他们自以为是他们自己选定的事，忙他们以为是父母或他们所敬重，所愿取得好评的人的恩赐的事。这么安排着的，没有受到别人的不良榜样的儿童，我相信他们是会热忱地、快乐地去学读书，写字以及你所愿意他们去学的事物的。正与另些儿童爱好日常的游戏一样，年岁最长的这样做，成了风气之后，那么，通常是不能阻止他们不去游戏的，这时就不能阻止他们不去读书了。

玩　具

130　我觉得儿童应该有玩具，而且应该有各种玩具。但是他们也应受到导师或别人的监督，他们一次只可有一种，第一种没有归还，第二种就不可以得到。这就可以及早使得他们当心，不要把自己所有的东西丢了，或是毁了。若是你让他们自己保有数量多种多类的许多玩具，他们就会漫不经心，就等于教他们变成一些浪费的人。我承认玩具是些小事情，似乎用不着导师去操心。不过，凡是能够形成儿童的心理的事情，都是不可忽视的，**凡是能够使他们养成习惯的事情，都值得做导师的人去留心、去注意，因为它的影响是不小的。**

此外，还有一件关于儿童的玩具的事情，也值得他们的父母注意。就是，儿童即使不妨有几种玩具，但是我觉得玩具决不可以从购买得来。不买玩具就可以使他们不至于和一般的情形一样，常常因为玩具的种类太多，徒然养成一种见异思迁、贪多务得的心理，一刻也不宁静，心里虽然并不知道自己缺乏什么，可是时时都要追求更多的东西，对于自己的所有总不满足。有些人为要取得有地位的人的欢心，便去把这类礼物送给他们的子女。其实对于小孩子是有很大的害处的。他们差不多在能说话以前就因此学会了骄傲、虚荣和贪婪。我知道有一个孩子，丰富的、种类繁多的玩具吸引着他。他每天要女仆全部去看一遍，把女仆弄得累极了。他看惯了丰富的情形，于是总觉得自己所有的还不够，总是问，还有些什么？还有些什么？我还可以得到些什么新鲜的东西？人如果欲望不大就可以成为一个踌躇满志快活一世的人。

“他们的玩具既然全都不该从购买中得到，那么你所允许他们的玩具又从哪里去得来呢？”我的答复是，他们的玩具要自己做，至少也得自己努力试着去做。在此以前，他们一件玩具也不能有，在此以前，他们一件精致的玩具也不能要。一粒圆润的石子，一张纸，一串母亲的钥匙，或是任何不会使他们伤害自己的东西，在年轻的孩子看来，好玩的程度并不亚于那些从店铺里面花大价钱买来的奇怪玩意儿，那是一玩就会弄坏弄破的。儿童若不是玩惯了这种玩具，他们是决不会因为没有那种玩具就觉得乏味或不高兴的。**他们年岁小的时候玩什么东西都行**，等到他们年岁稍大以后，如果不是别人愚蠢地花些钱，使他们富有玩具，他们自己就会去做。他们自己一旦有了任何想象，要去亲手制作，他们就应该得到指导，得到帮助。不过如果他们自己不去动手，只是一味懒洋洋地坐着，希望别人给他们，他们就什么都不应该得到。如果你在他们遇到困难的时候去帮助他们，那就较之买些昂贵的玩具给他们更能得到他们的喜爱。有些玩具，如同陀螺、鱼钩、毽子板之类的东西，不是他们的能力所能制造的，玩的时候费气力，自然得为他们预备。他们最好具有这些东西，不是为的新奇，是为的运动。但是这些东西也以尽量少给他们为是。假如他们有了一只陀螺，则抽陀螺的时候所用的棍子和皮带就要让他们自己去做，让他们自己去装配。如果他们只是一味张口望天，等着到来，他们就不该得到这些东西。这就可以使他们习于用自己的努力，去获取自己所需要的事物。**他们因此就可以学得一点减低欲望、专心、努力、用思想、设计和节俭等品质。这种种品质对于他们日后长大成人的时候是有用处的，所以学习不嫌其快，根基不嫌其深。**儿童所有的一切游戏与娱乐都应该以养成善良有用的习惯为目标，否则它们便会使他养成不良的习惯。**他们无论做了什么事情，都会在那种幼小的年岁留下一些印象，因此使得他们养成一种好的或者坏的倾向，凡是具有这种影响的事情就不应该被忽略。**

撒　谎

131　撒谎是遮掩任何不良行为的一种极简便极便宜的方法，它在形形色色的人群里面，都很流行。要使儿童不看见别人在各种情况下说谎是很困难的。所以，若不特别当心，他们是很不容易不学会说谎的。但是说谎是一种极坏的品质，是许许多多恶德的根源和庇护者，所以应使一个儿童从小至大极端地畏惧它。如果有机会当着他的面，提到说谎这件事情的时候，你就永远要表示极端的痛恶，把它看做一种和绅士的声名与品格绝不相容的品质。凡是稍有声誉的人都不能忍受说谎的嫌疑，它是一个最可耻的标记，使人落到最可羞辱的下贱境地，和那些极可鄙的人类，极可怖的流氓列入一类。凡是想和上流社会的人士相交往的人，或者自己在社会上有点名声的人，对它全都不能忍受。儿童第一次说了谎，你最好把它看做他身上的一件极古怪的事情，表示一种惊愕，不可把它当作一种普通的过失去责备。如果他还不能因此罢手并再犯的时候，你就应该重重地斥责他，使他从父亲、母亲以及一切注意到了这件事情的人那里受到极大的不快。万一这种办法还不生效，你就应当借助鞭笞了。因为他在受过这种警告之后，还有意说谎，那就是一种顽梗的表现，是绝对不可轻轻放过而不加惩罚的。

借　口

132　儿童因为不愿意自己的过失被人看得清清楚楚，所以他们也像亚当（Adam）其余的子孙一样，会找借口。这种毛病和虚伪相差不远，而且常常可以导致虚伪，是不能放任他们的。不过医治的方法还是利用羞辱比粗暴好。所以，如果有什么事情问他，他的最初答复是一种遁词，你就应该严重地警告他，叫他说出真话。万一他仍旧用假话支吾，他就应该受到责罚。**不过如果他直接承认了，你就应该表扬他的坦白，原谅他的过失，不管他的过失怎样**，原谅他，下次不要再去因此斥责他，不要再去提起它。因为假如你想使他爱坦白，常常实行坦白，把它养成习惯，你就应该当心，**不可使他因为坦白而感到任何极小的不安**。反之，他自己坦白了以后，除了永远不可使他受到处罚之外，你还应该用些称誉的表示去鼓励他。假如他的遁词你不能证实里面具有任何虚伪的成分，你就可以把它当成真实，绝对不可表示一点怀疑。你应使他在你的面前尽量保持最好的名誉，**因为一旦他知道他的名誉已经损失掉了，你就失掉了对他的一种重大的最好的支配了**。所以你要在可以避免而又不至于鼓励他说谎的范围以内，使他在你跟前不要觉得自己是个说谎的人。他说话与真实的情形有些出入，是可以将就过去的。不过，一旦他因说谎受了惩罚之后，以后如果发现他又犯了，你是绝对不可原谅他的。因为这种过失是曾经禁止他去犯的，假如他不是有意，他是可以避免的，所以再犯就完全是种顽梗的毛病，应该采用医治顽梗的毛病的惩罚去医治。

133 以上所说的就是我所想到的关于教育一个青年绅士的一般方法。这些方法我虽然觉得对于他的整个教育历程可以发生一些影响，但是我也绝不以为我对他的各种年岁或特殊气性所需的事项都已详细说够了。不过，前提大致提过之后，我们就可以比较仔细地考虑他的教育的各个部分了。

134 我觉得每个绅士（每个留心儿子的教育的绅士），为儿子所求的事情，除了留给他的财产以外，都包括（我假定）在四件事情里面，**就是德行、智慧、礼仪和学问。**至于这四件事情里面，有些名目有时并不代表同样的事项，有时又是彼此互相包含的，这我就不管了。我现在只要采用这些字眼的通行的用法就够了，我是假定它们已够明白，可以使我得到了解的，我希望大家不难了解我的意思。

135 **我认为在一个人或者一个绅士的各种品性之中，德行是第一位的，是最不可缺少的。**他要被人看重，被人喜爱，要使自己也感到喜悦，或者也还过得去，德行是绝对不可缺少的。如果没有德行，我觉得他在今生来世就都得不到幸福。

上　帝

136 德行要有基础，他的心里极早就要印上对于上帝的真实观念，知道上帝是独立的至高的存在，是一切事物的主宰和创造者，我们从他那里得到一切善，他爱我们，给我们一切。接着，就要使他爱，并且敬仰这个至高的存在。开始的时候，这就够了，不必把这件事情向他再做进一步的解释。因为恐怕向他谈神灵谈得太早，没有到时候就使他去了解这个无限的存在的不可理解的性质，他的头脑里面就会充满错误，或者为了主的不可知的观念就弄糊涂了。你只要相机告诉他，说上帝制成一切，统治一切，听见一切，看见一切，凡是爱上帝、服从上帝的人，他就给他们一切善。他听你说到有这样一个上帝，他的心里对于上帝很快就会发生别的种种想法。这些想法如果你发现有什么错误，你就应该给他改正。我觉得大家若是对于上帝都存这样一种观念，对于这个大家都得承认为不可理解的存在的观念不过于好奇，那就好了。有许多人自己的思想没有力量，不够清晰，分不清哪些事情是他们能够知道的，哪些事情不能，于是就流于迷信或无神论了，把上帝看成与他们自己一样，或者（因为他们再不懂得别的）根本认为没有上帝。我觉得，与其让他们分心于好奇的追问，去探究上帝的不可思议的本质与存在，倒不如使他们每天早晚用一种平易的、简短的、适合他们的年岁与能力的祷词，去祷告上帝，他们的创造者、保护者与恩人。这在宗教、知识与德行上的好处要大得多。

神　灵

137　你在他有了足够的能力的时候，逐渐在他的心里印上了这样一个关于上帝的观念，同时又教他去祷告上帝，颂扬上帝，把上帝看做是创造了他自己，创造了他所行所享的一切善的创造者之后，你不可向他谈到任何别的神灵，除非日后他先提到，或者在他读圣经史的时候发生了这个问题。

鬼　怪

138　但是，当他年轻的时候，你也切记要保持他的幼稚的心灵，**不可使它具有一切关于神灵鬼怪的印象和观念，不可使它对于黑暗存着任何畏惧的心理。**关于这一点，所怕的是仆人不懂事，他们总爱拿些妖魔鬼怪等等可怖的害人的名目去恐吓儿童，去取得儿童的服从。儿童对于这些东西，当他只身无伴的时候，尤其是在黑暗中的时候，当然不能不害怕。这是应该小心地防备的。因为他们虽然可以用这种愚蠢的方法去防止儿童的轻微的过失，但是这种医治的方法较之毛病的本身更糟糕。他们的想象中从此就印上了一些使得他们发生恐怖的观念。这种关于妖怪的思想，一旦侵入了儿童的幼稚的心灵，产生一种强烈的恐怖的印象之后，它就根深蒂固，即使能再拔除，也很不容易了。他们有了这种思想，就时时生出许多奇异的幻觉，没人作伴就很胆小，此后一生一世，看了自己的影子和黑暗都害怕。有些小时候受过这种恐吓的成人向我诉过苦。他们的理智虽则纠正了他们以前所获的错误观念，他们虽则明知在黑暗中也与在光天化日之下一样，没有什么看不见的东西值得害怕，但是这种观念只要有了机会还是要作祟，使他们生出幻觉，非得花费一些力量不能消灭。我在这里可以告诉你一个颇不平常的，但是真实的故事，使你知道心理上早期所获的想像是何等的持久与可怕。西部的某个村镇里面有一个神经错乱的人，一般男孩子看见了都爱揶揄他。这个人有一天在街上看见了日常揶揄他的一个孩子，他就走进附近的一家利器店。取出一把出鞘的剑，去追那个孩子。那个孩子看见他拿着武器追来，拔腿就跑，去逃命，幸而气力够，脚劲强，跑到了父亲的屋子，才没有被这个疯汉追上。屋门只是上了闩，他用手扶着门闩，回头去看追来的人还隔多远，那时疯子已经追到了走廊的进口，举剑就要砍，他刚够时间跑进去，赶急关上门，才没有被砍到。但是他的身体虽然逃掉了，他的精神却没有逃脱。这种可怖的观念给了他一个极深刻的印象，即使没有保持一世，可是也保持了许多年。因为他后来长大成人，告诉我这个故事的时候，他说，从此以后，直到说这故事的时候为止，无论什么时候，他走那门口进去（这是他所能够记得的），不管心里有什么事情，虽则走到门口之前，并没有想到那个疯子，总要回头望望。

儿童如果不受外力的影响，他们在黑暗之中绝不会比在光天化日之下更害怕。他们欢迎黑夜可以睡眠，正与欢迎白昼可以游戏一样。他们不应该从别人那里听到任何说法，说黑夜比白日有更多的危险或更多可怖的东西。如果他们左右有人愚蠢地使他们受了这种伤害，使他们觉得在黑暗与睡眠的时候有点异样，你就应该赶快去给他们的心理消除这种伤害，愈快愈好。你要使他们明白，上帝为他们创造了一切好东西，所以也为他们创造了夜晚，好使他们得到更好更恬适的安眠。他们是在上帝的保护之下的，黑暗里面没有什么东西能够伤害他们。关于上帝与善神应当再告诉他们些什么，我们以后再说。至于恶神则在他没有成熟，不够了解那种知识以前，最好能不让他怀着一种错误的想像。

真 实

139 你在儿童的年龄所许可的范围以内，使他具备了一个关于上帝的真实的观念，如同教义所聪敏地教导的，使他习于祷告上帝。把他的德行打好基础之后，第二件应该注意的事，就在使他说话绝对要真实，同时还要用尽一切想像得到的方法，使他成为一个善良的人。**你要使他知道，一次曲解事实，用遁词去遮掩任何过失比加了20次过失更不容易得到宽恕。**你要及早教他爱别人，善良地对待别人，这是可以及早打好基础，使他变成一个诚实的人。**一切不公道的事情通常都是因为我们太爱自己，太不知道爱人之故。**

关于这个问题，这就是我所要说的，要在儿童身上打好德行的最初基础，有了这些也就够了。等他长大以后，他的本性中的倾向是应该加以注意的。他的本性如果使他离开了德行的正道，有所偏倚，我们就应该用一种合适的方法去医治。因为亚当的子孙是很少有这种幸福，天性中没有偏倚的，这种偏倚就是教育所应该去消灭，或者去加以平衡的。不过关于这一点的详细讨论不是这篇短短的教育论文的任务。我的本意并不在做一篇论文去详细讨论一切德行与邪恶，看每件德行如何才能获得，每件邪恶如何才能用某种方法去治好，虽则我曾把最常见的某几种错误提出来说过，并且还提到了医治那些错误的方法。

智 慧

140 我对于智慧的解释和一般流行的解释是一样的，它使得一个人能干并有远见，能很好地处理他的事务，并对事务专心致志。这是一种善良的天性、心灵的努力和经验结合而成的产物，所以不是儿童所可企及的。对于儿童的智慧最能做到的一件大事就是，要尽力阻止他们变狡猾，**狡猾模仿智慧，但是它与智慧相离最远**，它像一只猴子一样只有人类的外表，没有人类的实际，因此更加显得丑恶。狡猾只是因为缺乏悟性，不能直接达到目的，于是就用计谋与欺骗去达到。**它的弊害在于狡猾的计谋只能使你占一次便宜，但是以后永远要吃亏。**无论什么掩饰决不能巨大或精细到不被人发觉。**世上决没有一个狡猾的人，能够狡猾得使人家不知道他们是狡猾的。**他们一旦被人发觉以后，人人对他们都会怀有戒心，人人都不信任狡猾的人。全世界都会联合起来反对他们，攻击他们。**但是坦白、公正、明智的人则人人都会为他让路，他可以直接去做他的事。**应使一个儿童习于获得关于事物的真实观念，不获得就不满足；应使儿童把精神用在伟大的有价值的思想上面，不要接近虚假与具有大量虚假成分的狡猾，这才是儿童对于智慧的最合适的准备。至于其他种种，那是要有时间、经验和观察，并且还要熟知别人的气质与计谋，方才能够学到的，不能希望无知与粗疏的儿童，或急躁轻率的青年去得到。在这种没有成熟的年岁时所能做到的，就是我曾经说过的，**要使他们习于真实，习于诚笃，服从理智和尽量反省他们自己的行为。**

礼　仪

141　其次一个绅士的美德是良好的礼仪。**礼仪不良有两种：第一种是忸怩羞怯；第二种是行为不检点和轻慢。**要避免这两种情形，就只有好好地遵守下面这条规则，**就是，不要看不起自己，也不要看不起别人。**

142　这条规则的前半，意思不是和谦逊相反，只是和无耻相反。我们不应该把自己想得太好，以致把自己的价值估计得过高。我们不可因为自以为自己具有某些长处，别人没有，便以为应在别人面前占优势，我们只应该在我们的本分以内谦逊地接受别人对于我们的给予。**不过有些行动是我们的职分所该做的，人家也期待我们去做，那时候我们便应该看得起自己，无论在谁面前，不要慌张失措，要按照各人的地位与身份保持敬重与距离。**有些人，尤其是儿童，常常在生人或他们的长辈跟前显出一种村俗的羞怯态度。他们的思想、言词、容貌，全都显得狼狈不堪，自己在紊乱中也失去了主宰，什么事情都做不成，至少做来也显得不自然，不优雅，不能因此得到人家的喜悦与欢迎。医治这种毛病的唯一办法也与医治其他毛病的办法一样，要使他们通过练习养成一种相反的习惯。但是，我们倘若不跟生人与上流社会的人士相处，我们就不能习惯于跟他们去交谈，所以，**医治这种礼仪不良的毛病的唯一方法，就只有多交各种朋友，多与我们上述的人相处。**

143 以上所说的是我们在别人面前太注意自己的动作。而礼仪不良的另一方面则是太不留心去取得那些我们必须去对待的人的好感，或太不表示敬重他们了。为了避免这种情形，有两件事情是必要的，就是，第一，要有一个不愿得罪别人的心情；第二，要有表现那种心情的最受欢迎与最悦人的方法。人类有了那种心情就叫做有礼貌；人类有了那种方法就叫做得体。后面这一层是指容貌、声音、言词、动作、姿势以及整个外表的举止都要优雅有礼，使我们能够博得朋友的好评，使那些与我们交谈的人感到安逸与高兴。这是表明内心的礼貌的一种语言，它与别种语言一样，是依各国的时式与习俗为转移的，它的规则与实行，主要要从观察，从那些有教养的人们的举止上去学习。至于第一层，那是在外表之内的，是对于一切人们的一种一般的善意与尊重，使得一个人不要在举止上面轻视别人，不敬重别人，或是不理会别人，使他按照那个国家的时式与方法，按照别人的等级与地位，去对别人表示一种敬重与重视的态度。这是一种表现在举止上面的心情，使得一个人不至于使任何对方感到不安。

有四种品质是与这种最基本而又最能使人喜爱的社交德行最不相容的。没有礼仪的毛病，通常都是从这四种品质中的某一种产生出来的。我要把他们列举出来，为的是使儿童不要受到它们的不良影响，或使儿童从它们的不良影响中自拔出来。

粗　暴

①第一是一种天生的粗暴，使得一个人对别人没有礼貌，因而不知道尊重别人的倾向、气性或地位。这是一个村夫俗子的真实标志，毫不注意什么事情可以使得相处的人高兴，什么事情可以使得他们不愉快。但是你常常可以遇见一些衣着时髦的人，无限地放任自己的脾气，使它横冲直撞，蹂躏旁边的人，完全不去理会别人的看法。这是人人看得见，觉得可怕的一种兽性，是没有人能够与它安逸地共处的。所以，凡

是愿意别人觉得自己还有一点礼貌的人身上都没有它的地位。**因为礼仪的目的与作用本在使得本来的顽梗变柔顺，使人们的气质变温和，使他敬重别人，和别人合得来。**

轻　蔑

②轻蔑，或者缺乏适当的敬意，是可以从容色、言词或姿态上面表现出来的。表示轻蔑的不论是什么人，它总是使得别人不安的。因为谁也不会心甘情愿地被人家看不起。

非难・嘲笑

③非难别人，找别人的错处，是和礼仪直接对立的。人们无论犯了什么过失，或者其实并没有犯，他们总不愿意人家当着他们，或者当着别人的面，把它们在光天化日之下公开宣布出来。任何人有了污点都会感到羞耻。缺点一旦被人发现了，他总会感到有点不安的，哪怕仅仅被人疑心有缺点也一样。嘲笑是宣布别人的过失的一种最精巧的办法，不过因为嘲笑通常都是很隽永的，用的言词也不伤人，而且还可以使得在座的人感到快乐，因之一般人就产生一种错误，以为它在适当的范围以内不是不礼貌的。所以，那些社会地位较高的人也常采用这种取笑的谈话方式。这种人的话大家都爱听，和他们站在一边的第三者也常常用欢笑去给他们喝彩。不过他们应该想想，在座的旁人的快乐是以被他们嘲笑的当事人做代价的，那个被嘲笑的人是不能不感到不安的，除非嘲笑的题材真是一件值得赞扬的事。因为在这种情形之下，嘲笑中的欢乐的比喻与描绘是既开玩笑，也在赞扬，因而被嘲笑的人也能得到好处，也加入去作乐。不过这是一件微妙困难的事，一点点不当心就可以全盘弄糟，这不是每个人都能正确地运用的。所以我觉得，凡是不愿意恼怒别人的人，尤其是一切年轻的人，都应该小心地避免嘲笑人家，因为一点点错误，或走错一步，就可以使得受者感到不安，他们的心理上面就会印上一个长久的印象，认为是自己做了该受责难的事，以致受了别人的尖刻的，虽然是隽永的嘲弄。

反　驳

除了嘲笑以外，反驳也是一种非难别人的方式，也是常常可以把礼仪不良的毛病显露出来的。所谓尊重别人，意思并不是要我们永远接受别人的一切推理或话语，不，也不是说我们无论听了什么都要让它过去，绝不开口。反对别人的意见，矫正别人的错误，这是真理与宽容有时候要我们做的，只要做的时候相当小心，注意仪式，是不违反礼仪的。不过有些人你一看就可以知道他们是爱反驳的，他们不管是非，老是反对某一个人，甚至反对全体在座的人，不管他们说什么，他都反对。这是一种极明显而又极荒谬的责难方式，听到的人谁也不能不感到自己受了伤害。反对别人的话容易被人家疑心为责难，别人接受起来，很少有不感到委屈的，**所以说的时候态度最要温和，措辞最要婉转，要从全部的行为去表明你并不是在责难他**。同时，应该尽量表示尊敬和善意，这样，我们在辩论中获得胜利的时候才不至于失掉对方对于我们的尊重。

刁　难

④刁难是和礼仪相反的另外一种过失，因为它不独常常带来不合宜的，使人生气的言语和举止，而且因为它是当我们对人生气的时候，我们对于对方的无礼的一种无言的非议和责备。这种怀疑或暗示是谁都会感到不安的。而且在座有了一个爱发脾气的人，大家就会感到不欢，只要有了这种轧轹的现象，和睦就会消失。

我们人类所不断地追求的幸福是快乐，由此就易知道，为什么有礼貌的人较之有用处的人更能得到别人的欢迎。一个有重要的、有价值的人，或是一个真挚的朋友的能力、真诚和善意，往往不易抵消他的严肃与坚实的表示所产生的不安。**权力与财富，甚至德行的本身，其所以被人看重，也都是因为它们能够增进我们的幸福之故**。所以凡是帮助别人，而帮助时的态度不好，使得别人感到不安的人，从别人的幸福看来，他是不会受到欢迎的。**凡是知道如何使得对方感到舒畅，而自己又**

不至于奴颜婢膝，降低身份的人，他就可以说是得到了处世的真诀，到处都会受到欢迎与重视。所以礼貌是儿童与青年所应该特别小心地养成习惯的第一件大事。

礼 仪

144 此外还有一种违反良好礼仪的过失，就是礼节太繁，执意把过分的，别人受了也不能不感到愚蠢或惭愧的礼节强加给别人。这种情形看起来与其说是尊重人家还不如说是嘲弄人家，至少，也像是和人斗胜，充其量也不过是使人家讨厌而已，决不是良好的礼仪。因为良好礼仪的功用或目的只在使得那些与我们交接的人感到安适与满足，没有别的。这种过失青年人犯的很少，不过万一他们犯了，或有将犯的嫌疑，他们就应该听到这种道理，应该警告他们不要有这种错误的礼仪。他们与人交接的时候所应努力的，所应悬为目标的事情是在对于每一个人都在礼仪上恰如其分地表示一种普通的礼节与尊重，借以表明自己的尊敬、重视和善意。你要做到这种境地，而又不被人家疑心你是谄媚、伪善或卑鄙，这是一种很大的技巧，只有从明达、理智和良好的伴侣那才能学到。但是这种技巧在社会生活中是极有用的，所以很值得学习。

145 虽则我们在这些方面做得好就叫做有教养，好像是教育的特有的效果似的，但是我也说过，儿童不应该因它多受烦扰，我的意思是指他们的时派地脱帽和退步致敬。如果你能尽力把谦逊和善良的品性教给他们，这种礼貌便不至于缺乏了。其实，礼仪不过是一种小心，不在交往中对于任何人表示任何轻视或侮蔑而已。至于最被认可、最受重视的表示的方法，我们在前面已经说过。世上各国的礼仪各有特点，各不相同，正与它们的语言是一样的。所以，我们只要正确地想一想，就可以知道，把关于礼仪的规则和谈论教给儿童是没有用处的，是无关宏旨的，正同要一个只和英国人说话的人去学一两条西班牙文的规则一样。你对于你的儿子，尽管尽量去做关于礼仪的谈论，但是他的伴侣是个什么样子，他的仪态就会是个什么样子。你的邻居的农夫，从来没有走出教区一步，你对他无论如何训诫，他的言语和举止仍旧会是一副谄媚者的神气。这就是说，他的言语与举止不会比那些日常和他交往的人显得更有礼貌。所以，关于这一点，在他够年纪去请一位导师以前是没有别的办法的，而导师也一定要是一个受过良好教养的人。假如我能自由发表我的意见，我是切实主张儿童不可去做任何顽梗、骄傲与恶劣的事情的，至于他们如何脱帽子，如何退步致敬，那都没有关系。倘若你能教他们爱别人，尊敬别人，那么，当他们的年纪到了需要的时候，他们就会按照日常习见的办法，找出方法来表示，得到别人的欢迎。至于他们的动作和他们的举止，前面已经说过，到了适当的时候，一个跳舞教师就可以把最合适的姿态教给他们。由于儿童年轻，一般人不会希望他们过于注意这种礼节。儿童不妨粗疏一点，正和成年人应该懂得寒暄是一样的。即使世上有些仪态极端优雅的人，觉得这是一种过失，至少我也相信这种过失是不必介意的，应该让时间、导师与交往去矫正。所以我觉得你也值不得因此去干涉，或是责备你的儿子（因为我常见儿童因此受到干涉与责备）。不过，万一他的举止里面有了骄傲或恶劣的成分，那就应该用劝说或羞辱的方法去消除。

插　嘴

儿童虽然不可因为礼仪上的繁文缛节受到重大的困窘，但是年轻人有一种不礼貌的情形，如果不去及早加以约束，就很容易滋长起来。这就是，**当别人正在说话的时候爱去插嘴，去反对别人，打断别人的说话**。青年人之所以爱找机会去矫正别人的谈话，他们之所以不放过任何表现自己的才智的机会，这种情形不知道是不是起因于那种好辩的习气，以为会辩就有才能，就有学问，以致把辩论看成了知识的唯一标准与证明。我知道一般学者在这种地方是最受责难的。别人谈话的时候去插嘴是一种最大的冒犯，因为我们在知道人家将说什么之前就去答复人家，若不是鲁莽愚蠢，也是一种明白表示，说他所说的话我们已经听腻了，不愿他说下去了，我们不看重他所说的话。我们觉得在座的人不高兴听，所以要在座的人听我们的，我们可以说些值得他们去听的话。这是表示一种极大的不敬，是不能不惹恼别人的。但是一切插嘴里面差不多总有这种表示。假如照一般的情形一样，插嘴之外再去更正人家的错误，或是反对别人所说的话，我们这样自己插进去自充先生，俨然自己负起一种责任，要去矫正别人所说的话，或是要去表明别人所下的判断的错误似的，这就是一种更大的骄傲与自负的表现了。

我并不是说，我觉得谈话时意见不能有分歧，也不是说别人的议论我们不能去反对；这是可以消灭社交的最大的利益，使人不能从机敏的伴侣获得进步的；有才智的人相互对辩，正可以表明事情的各方面和各种可能，假如第一个人说过之后，其余的人必须赞成他，照他一样说，这种好处便会损失掉。我所反对的不是说不该跟别人的意见相反，我所反对的是表示相反的态度。我们应该教导年轻的人，除非别人问到他们的意见，或是别人说完了，没有人说了，不可中途插嘴。说的时候只能用种请教的态度，不能教训别人似的。应该避免固执的态度和傲慢的神情，**要在座的人全都停止了说话的时候，有了机会，方才可以谦逊地把问题提出，向人学习。**

这种适当的有礼的态度是不会遮掩他们的才能的，也不会减弱他们的理由的力量。**它反而可以使他们得到更好的注意，使他们所说的话占到更大的便宜**。一种一般的辩词或平凡的观察，如果这样提出来，前面再加几句尊重别人的意见的话，便可以使他们得到更多的荣誉与重视，这是最敏锐的技巧或最深刻的科学，这是说的时候态度粗暴、傲慢或者吵吵嚷嚷的结果所赶不上的，因为这种说法总是使得听者感到烦厌的，即使他在辩论上面获得了胜利，他在别人的心中却留下了一个不好的印象。

争　辩

所以，这种情形在青年人身上是应该小心地加以注意的，自始就应阻止，要使他们在一切交接中养成一种相反的习惯。而且因为成人也常常有爱多说话，爱在辩论的时候去插嘴，爱大声争辩的现象，哪怕我们这种阶级的人也是一样，所以尤其应该及早防止。印度人是我们叫做野蛮人的，他们谈论的时候比我们就客气有礼得多，他们彼此静聆，要等别人说完，然后再去恬静地答复，不吵闹，也不动感情。假如我们这种文明地方还不能做到这一点，我们是应当归罪于我们的教育没有注意到，它还没有把我们这种古代的蛮性改正过来。如果两个有身份的贵妇人，偶然相对地坐在一间房子里面的两对边，在座还有许多人，她俩争辩起来了，争得很起劲，以致在争得最起劲的时候彼此都逐渐把座椅向前搬移，一会儿工夫两个人竟紧紧地站在房子的中间了。她们在那里激烈地争辩，就像斗鸡场上的两只公鸡一样，周围的人都忍不住笑，但是她们一点都不在意，难道你不觉得这是一个有趣的景象吗？这个故事是一个有身份的人告诉我的，争辩的时候他曾亲眼看到，他也没有忘记回忆到那种一般人在热烈争辩的时候最易表现的不客气的态度，这是习惯常常使它出现的，所以教育更应提防它。对于别人的这种毛病是没有人不讨厌的，虽则他们自己有了并不介意。有许多人知道自己有这种毛病，决心要去改正，但因它是一种不良的习气，是由于他们所受的教育的疏忽，养成了习惯，终于改正不了。

伴　侣

146　假如我们把上面所说的关于伴侣的话仔细想一想，它就可能给我们以更大的展望，使我们知道它还有更大的影响。交际印在我们心上的不仅是礼仪的式样而已。伴侣的色彩所浸到的比外表更深。假如我们把世上的道德与宗教真确地估计一下，我们也许就可以知道，最大多数人所不惜生命去坚持的见解与礼节，根据的多半是他们本国的习尚和一般人的日常实践，不是他们的理智。我说这句话的意思只是要使你明白，我觉得伴侣对于令郎的生活的各方面关系多么大，所以应多么受重视，应有准备，因为它对于他的影响比你在别方面所能做的都要大。

学　问

147　我把学问放在最后，你也许要觉得奇怪，假若我告诉你，说学问最不重要，你是更会觉得奇怪的。这在一个书呆子口里是稀奇的。大家为儿童忙着的即使不全是学问，但是通常主要是为学问，大家谈到教育的时候所想到的差不多也只有学问一件事，所以这种说法就显得更不可解了。我每逢想到大家为着一点点拉丁文与希腊文，不知受了多少麻烦，花费了多少时间，无缘无故弄出了多少吵嚷与忙碌，我就不能不想到，儿童的父母还是依靠学校教师的教鞭的，他们把教鞭看做教育的唯一工具，好像一两种文字就是教育的全部任务似的。大家认为一个儿童是应该在他的最好的年岁里拿出七八年甚至上十年的工夫去苦学一两种文字的，我却认为所花的劳苦与时间可以大大地减少，认为差不多可以从游戏里面学到，这怎样可能呢？

请你原谅我，假如我说，我不忍想像为什么一个青年绅士会要被放到人群里面，被人家用鞭笞去驱使，好像要使他受夹鞭刑似的经过各个年级，“为了接受天才的教育”（ad capiendum ingenii cultum）。什么？你说不要他读书写字吗？我们教区里面的牧师把霍普金斯（Hopkins）和斯坦霍尔（Sternhold）当作世界上最伟大的诗人去看待，他自己不会读书，连霍普金斯和斯坦霍尔的本来面目都给弄糟了，难道你要使他变得比这个牧师更加无知无识吗？不是这样的，不要这样性急，我求求你。读书、写字和学问，我也认为是必需的，不过不是主要的工作而已。**我想如果有人不知道把一个有德行的，或者有智慧的人看得比一个大学者更加无限可贵，你也会觉得他是一个大傻瓜的。我不只是觉得对心地良好的人说来，学问对于德行与智慧都有帮助，同时我们也得承认，对心地不是这么良好的人说来，学问就徒然可以使得他们更加愚蠢，变成更坏的人。**我说这些话的意思，是要你在考虑令郎的教养，为他寻求一个教员或导师的时候，心里不可只是想着拉丁文和逻辑。学问是应该有的，但是它应该居于第二位，只能作为辅助更重要的品质之用。你应该找一个知道怎样去小心地形成他的态度的人，你所付托的人要能保持他的真纯，培养他的优点，温和地改正与消除他的任何不良倾向，使他养成良好的习惯。这才是主要之点，有了这一点，我觉得学问极容易用我们可以想得到的方法去获得。

阅读

148 当他到了能够说话的时候，他就应该开始学习阅读。但是说到这里，我又要提到一件大家极容易遗忘的事情，再来叮嘱一下。就是，你应该极力注意，决不可把读书当作他的一种任务，也不可使他把读书看成一种工作。我已经说过，我们从极小的时候起就是自然而然地爱好自由的，所以**我们对于某些事情之所以感到憎恶**，原因只是因为别人把那些事情强加给了我们，此外没有别的理由。我常有一种想法，觉得可以使儿童把学习看做一种游戏，看做一种消遣，觉得假如我们把学习当成一件光荣的、荣誉的、快乐的和消遣的事情，或是把它当成一件做了别些事情以后的奖励。假如不使他们因为忽略了求学就受到责备或惩罚，他们是会自己要求受教的。有一件事情使我更加深信这种意见，就是在葡萄牙人里面，他们的儿童把学习读书和写字看成一种时髦和竞争，想要阻止他们都不可能，他们彼此相互学习，专心地学，好像有人禁止他们去学似的。我记得有一次我住在一个朋友家里，他的幼子还是一个穿童装的小孩子，很不容易使他去读书（那时他是由他的母亲在家里教他读书的），我就劝他们换个方法，不要把它当作他的一种责任。我们于是自己故意谈论起来，让他听见，但是对他一点也不注意。我们说，当学生是嗣子与长兄的权利；说他们读了书就可以变成美好的绅士，得到人人的喜爱。至于弟弟们受教养，那是对于他们的一种恩惠，教他们学习读书写字，本是他们的分外，他们如果自己愿意，尽管可以去变成一些无知无识的村夫俗子。这样一来，那个孩子果然受了影响，从此以后，他就自己要求受教了。他会自己走到他的母亲眼前去学习，他要女仆听他读书，不听就不得安静。我相信别的儿童也可以用这种类似的方法去对待。我们一旦发现了他们的性情，就可以使他们生出一些想法，自己去要求学习，把求学当成另外一种游戏或娱乐去追求。但是，我以前说过，学习决不可当作他们的一种工作，也不可变成他们的一种烦恼。我们可以在骰子和玩具上面粘上字母，教儿童在游戏时学习字母，此外还有许许多多适合他们的特殊性情的方法，可以使他们把学习当作一种玩耍。

149 儿童是可以这样被诱导去学会字母的，他们读的时候，只觉得是一种玩耍，别人要受鞭笞才肯去学习的，他们自己在玩耍中就学会了。儿童不可把任何工作或严肃的事情放到自己身上，这是他们的精神与身体都受不了的。这可以伤害他们的健康。我相信有许许多多的人，他们一生一世憎恶书本，憎恶学问，原因就是当他们正在厌恶一切这类约束的年岁，被强迫与被束缚去读了书的缘故。这种情形正同吃得过饱一样，**饱食之后所生的憎恶是消灭不了的。**

150 所以我觉得，倘若普通没有用处的玩具能够这么加以利用，我们就可以设法使儿童在自以为只是游戏的时候学习阅读。比如，假如我们按照皇家橡树（royal-oak）彩票抽签所用的圆球一样，做一个象牙球，分作32面，最好分作24面或25面，然后在某些面上粘上一个A字，在另些面上粘上一个B字，其余的分别粘上C字和D字如何？我主张你最初只粘这四个字母，或者只粘两个，待他学会以后，然后再加一个，一直加到每面有一个字母，球上有了全部字母为止。我主张这个象牙球要由别人在他的面前去玩，玩的时候可以打赌，看谁先掷出一个A字或者B字，这同掷骰子的时候看谁先掷出六点或七点是一样好玩的。这是你们的游戏，不要诱他加入，否则你便把它当成一种工作了。因为我希望他只认为这是年长的人的一种游戏，我相信他自然就会喜欢这种游戏。为使儿童格外有理由认为这是一种游戏，觉得是一种得到了别人的喜悦才能加入的游戏起见，游戏完了以后，球就要收起来，不要让他拿得到，免得他把球藏起来，因而使它显得陈旧无味。

151 你要使他热爱它，你就得使他觉得这是属于他们的长辈的一种游戏。等到他用这种方法，认识字母之后，你就可以把字母换成缀音，他就可以不知不觉地学习读法，决不会因此受到责备或烦扰，也不会因为为了书本受了苛待与烦恼，以至于憎恶书本了。假如你留心观察，你就会发现，儿童常常花费很大的气力去学习某几种游戏，那些游戏假如是由别人强迫他们去学习的，他们就会像畏惧工作与任务一样畏惧它们。我认识一个极有身份的人（他的学问与德行比他的阶级与高贵的地位更要可敬），他把六个母音粘在一个骰子的六个面上（因为在我们的文字里面，Y 也是一个母音），而把其余 18 个子音分别粘在另外三个骰子上面，作为他的孩子们的一种游戏，看谁一次用这四个骰子掷出的字数最多，谁就得胜；他的长子那时还是一个穿着童装的小孩子，就很热心地自己学会了拼音，从来没有因此受过斥责，也从来没有被强迫过。

152　我曾经看见一些年轻的女孩子，连续几小时在一起，费尽气力要把自己变成掷石子的专家。我在旁边看的时候，心想可惜缺乏一种良好的设计，去使她们利用那种努力去做别的对于她们更加有益的事情。我觉得这完全是年长的人的错处，是他们的忽略所致。儿童比成人更不爱偷懒，他们的爱好忙乱的性情如果完全不能用到有益的事情上面，那是应该责备成年人的。假如成人能有这些小猴子们肯去模仿的一半，肯去领导，有益的事情通常也可以变成他们所做的游戏一样快乐。我猜想以前一定有些聪明的葡萄牙人，使他们国内的儿童开始养成一种风气，就是我说过的，据说要阻止他们的儿童不去学习读书与写字竟是一件不可能的事。在法国的某些地方，儿童从最小的时候起也都互相学习唱歌与跳舞。

153　粘在骰子或多边形的东西上面的字母，开始的时候，大小最好跟对折本的圣经上面的字母一样，全都不要用大写体。他一旦能读这种字体所印的东西之后，他就不会长久不认识大写体的。他在开始学习的时候不可花样太多，反而弄得不知所措。这种骰子你还可以把它当作皇家橡树一样的游戏去玩，这又是一种玩法，把它为赌樱桃或苹果等等东西去玩。

154　凡是喜欢这种方法的人，假如他们愿意，除此以外，他们还很容易发明许许多多别的用字母的游戏，去做这种用途。不过，我觉得上面所说的四个骰子极便易，极有用，要找一种比它更好的很不容易，用不着另外再找。

155　关于学习阅读，说的已经很多了，就是不要强迫他，也不要因此责备他。**你要在可能的范围内诱导他去读，但是不可把它作为**

他的一种任务。你宁可让他迟一年学会读书，不可使他因此对于学习产生憎恶的心理。如果你要和他斗争，你只能在关系重大，关系真理与善良的事情上面去争，但是不能把ABC当作工作去加在他的身上。你应该利用你的技巧，去使他的意志变柔和，使它服从理智。你应该教他爱好荣誉与赞扬，使他怕被人家看不起，尤其要怕被你和他的母亲看不起，然后，其余一切就都容易来到了。不过，我觉得，如果你打算那样做，你就不可在无关宏旨的事情上面立下许多规则去束缚他，也不可每逢他犯了一点点小小的过失，或是犯了一点点别人以为是大过失的过失，就去责备他，但是关于这一点我说得已经很够了。

156 他用这种和缓的方法开始学习读书的时候，你应该给他选择一本容易、有趣而又适合他的能力的书，书中的乐趣，就可使他前进，就可酬答他读书时所受的辛苦，不过所选的书不可使他的头脑充满纯粹无用，华而不实的东西，或是打下邪恶与愚蠢的基础。我觉得《伊索寓言》(*Aesop's Fables*) 最适合这个目的，《伊索寓言》是一些故事，可以使得儿童感到有趣，但是又可以给成人供给一些有用的回想。假如他日后还能记住这些故事，他也不会因为它们仍旧存在他的刚毅的思想和正经的事业中间而感到懊悔。如果他的《伊索寓言》里面有插图，那就更可以使他高兴，更可以鼓励他去阅读，使他的知识逐渐增长。因为这种视觉中的事物，如果儿童的观念中没有它们，单是听人说倒是没有用处的，而且也不能够使他们得到满足。这种观念不能从声音中得到，只能从事物的本身或事物的图像上面获得。所以我觉得当他开始学习拼音的时候，他就应该立刻尽量得到能够得到的动物图片，上面印上名目，这种办法一方面可以引导他去读，另一方面又可以供给他一些发问与求知的材料。我觉得《列那狐》(*Reynard the Fox*) 也是可以达到这个目的的一本书。假如在他左右的人常常和他谈谈他所读过的故事，听他讲讲那些故事，这种办法除了别的好处以外，还可以对他的阅读增加鼓励与快乐，因为他知道阅读是有用与愉快的。通常所用的方法对于这种钩饵似乎完全没有注意。一般人读书都是读了很久才感到一些吸引他们去读的用途与快乐，所以他们认为书本只是一种时髦的娱乐，或是无礼的麻烦，以为丝毫没有用处。

157 祷词、教义和十诫是他应该彻底熟记的。但是我觉得熟记的方法不是由他自己在入门书上去读，应该在他不能读书以前就由别人反复读给他听。但是不可把熟记与学习阅读混为一谈，以免彼此互相妨碍。学习阅读时应该极力避免给他麻烦，或是变成他的一种任务。

我不知道英文里面是不是还有别种类似上面所说的书籍，可以使得儿童发生兴趣，可以诱导他们去阅读。但是我觉得一般儿童既然都是信托给学校所用的方法的，如果学校只知利用教鞭的威吓，强迫他们去学习，却不知道利用学习里面的快乐，引诱他们去学习。那么，这些有用的书籍与别的种种糊涂书籍一样，命定是会被人忽视的，除了《角帖书》《入门书》《诗篇》《圣约书》和《圣经》以外，我不知道有过这种考虑。

158 至于一般儿童所常阅读，借以练习和增进他们的读书能力的《圣经》，我觉得按章滥读的办法对于儿童决没有好处，无论在增进他们的阅读能力方面，或在确立他们的宗教信仰方面，恐怕找不出一个比它更坏的方法。因为一个儿童怎样能从阅读一本他全不了解的书籍的段落中去得到快乐，或是受到鼓励呢？“摩西律”(Law of Moses)“梭罗门歌”(Song of Solomon)，《旧约》里的“预言书”和《新约》里的“使徒书”与“启示录”，如何能适合儿童的能力呢？虽则《福音书》和《使徒列传》的故事比较容易，但是整个地读还是和儿童时期的理解力极不相称的。我承认，关于宗教的原则是应该从那里去获得的，应该根据《圣经》上面的文字，但是其中只有合于儿童的能力和观念的部分，才可以叫儿童去阅读。不过，这跟阅读全部《圣经》及为了阅读而阅读的分别是很大的。一个儿童如果从小漠不关心地阅读全部《圣经》，只知道那是上帝所说的话，再也没有别的特点，那么，他的脑筋里面倘若还有一点点关于宗教的思想，他那种思想一定是乱七八糟的！我觉得有些人对于宗教一生一世没有一种明确的思想，原因便在这里。

159 我现在既然偶然说到了这个问题，我就再说一点，就是，《圣经》里面有些部分是合于让儿童去阅读的。比如，“约瑟”(Joseph)

和他兄弟的故事，“大卫”（David）与“歌利亚”（Goliath）的故事，“大卫”与“约拏单”（Jonathan）的故事，以及别的种种他所应该当作教训去读的部分，如同“你要别人怎样对你，你便先得那样去待别人”之类，其他简而易明的道德规则。假如选择得当，常常都可以作为阅读之用，同时又可以从中得到教训。所以要常常读，要把它们完全记住。后来到了他的年岁渐长，可以实践这种规则的时候，我们就应该利用适当的机会去叮嘱他，要他把它们看做他的生活与行事的标准和神圣的规则。但是漠不关心地阅读全部《圣经》，我认为对于儿童是极不相宜的。他们应先熟悉《圣经》里的最平易最基本的部分，因此对于自己所最该信奉与最该实行的事项有了一些概念之后才行。而且这些部分我觉得他们也应该学习《圣经》的原文，不可学习那些由于学派与类推之故，有了成见，想在这种地方去利用他们与强迫他们的人们的文字。渥丁吞博士（Dr.Worthington）为要避免这种情形，作了一部《教义问答》，里面的答语完全是用的《圣经》上的原文。这是一个好榜样，这种健全的用字是没有一个基督教徒能够反对，以为不合他的孩子去学习的。儿童一旦能够背诵“祷词”、教义和十诫之后，他就可以按照自己的悟性所能接受的和记忆所能记住的，每天或每礼拜学习一个问题。当他把这本《教义问答》完全记熟了，整本书里的任何问题都能够立即圆满地答复了的时候，他就可以把心思用到其余那些散布在全部“圣经”的道德规则上面，当作他的记忆的最好的练习和一生一世行事的随身规则。

写字

160 当他能够很好地读英文的时候，就可以叫他去学写字。在这里，第一件应该教他的事是握笔的正当姿势，他实际在纸上写字以前一定要学会这一点。**因为一个人要想做好任何事情，一次就不可学得太多。如果一件动作能够分作两部分，他们就不可希望一次把两部分都学好，不只儿童应当这样，成人也是一样。**我觉得意大利人只用大指和食指握笔的方法也许是最好的，不过关于这一点你可以问问一个良好的书法教师，或是任何字写得又好又快的人。他学会握笔以后，第二步就应该学会纸怎样放，手臂怎样搁，身体怎样坐。这种种练习全都做过之后，有一个教他写字而不十分麻烦的方法，就是去找一块刻了字的板子，板上的字体可以选你最喜欢的。但是你应该记住，板上的字比他日常所写的要大一点，因为无论何人的书法都是自然而然地比初学的时候渐写渐小的，决不会愈写愈大。刻了这样一块板子之后，你就可以取几张上好的写字纸，用红墨水把字印下来，他只要用一支好笔，上满黑墨水，照样子勾画一遍就够了。最初要告诉他，每个字母应从哪里起笔，应该如何组成，这就很快地可以使得他的手能写成那些字了。这一步练好以后，他就应该到白纸上去练习，这样他就很容易写出你所希望他去写出的一笔字了。

图　画

161　当他写字写得又好又快的时候，我觉得他不独应该继续习字，使手得到练习，同时还应该学习图画，使手的运用更纯熟。图画对于一个绅士有时候是极有用的，尤其是在旅行的时候，有些东西那怕写满整整一页纸，都不能够写明白，使人懂得，但是只要好好地画下几根线条就可以帮助他表达出来。一个人无论看见多少建筑，遇到多少车辆和服装，他只要施展一点点图画的技巧，就很容易把关于它们的观念保持下来，传给别人。倘若用字句去表示，那就有失掉的危险了，即使描写得最确切，充其量也是记得不牢固的。我的意思并不是希望令郎成为一个尽善尽美的画家。要成为一个像样的画家，时间要得很多，一个青年绅士要在其他更加重要的事情上面求取进步，匀不出来很多时间。但是，假若他在图画上只求懂得一点点配景的道理，只求具有相当的技巧，除了人像以外，凡是他所看到的东西都能画在纸上，像个样子，我觉得这是很快就可以学会的。如果他有图画的天才，那就更快。不过，万一他没有天才，那么，除了绝对必要的事情以外，最好让他平静地过去就得了，不必使他无故受到许多烦恼。所以**在图画与其他一切并非绝对必需的事情上面的规则都是一样的，就是不要违反米勒娃的意思**（Nihil invitá Minervaá）。

速　记

我听得人家说，速记这种艺术只有英国知道，这也许是值得学习的。因为它一则可以使人敏捷地记下要记的东西，二则可以使人把自己不愿公开的事情隐藏起来。因为凡是学过任何一种文字的人，他就容易把那种文字加以变换，使它合于自己的秘密使用，或是合于自己的爱好，如果再紧缩一下，就可以使它合于自己的职务上的用途了。利赤先生（Mr. Rich）发明的速记法是我所知道的速记法中最好的一种。我觉得凡是文法好，而又善于考虑文法的人，还可以使它变得更容易，更简短。不过学习这种缩写的方法，是用不着急于去找教师的。等他的手练好了，写字写得又好又快的时候，遇到合适的机会再去学习，还早得很。因为孩子们很少用得着速记，他们在写字没有写得顶完好，没有完全养成写好字的习惯以前，是不必练习速记的。

法　文

162　他一到能说英文的时候，他就应该学习别种文字。如果提到的别种文字是法文，那是没有人会怀疑这种主张的。理由是，一般人习于用正当的方法去教法文，就是时时向儿童说法文，不是通过文法上的规则去教。假如常常和他在一道的导师只向他说拉丁文，也只准他用拉丁文作答，那么，拉丁文一定也同样地容易学好。不过因为法文是一种活文字，说话的时候用得多些，应该先学，那时说话的器官还很柔顺，要使它习惯于发出正确的法文声音，养成一种把法文发音发得好的习惯，这是耽搁愈久就愈不容易做到的。

拉丁文

163　采用这种方法，通常他花上一两年工夫就可以把法文说好读好了，那时他就应该去学拉丁文。不过可怪的是，一般做父母的人在法文上作过尝试，可是并不觉得拉丁文也应该采用同样的说与读的方法去学习。当他学习这种种外国文字，不和导师说别种文字，读别种文字的时候，只有一点要注意的，就是，他不可忘了读英文，这可以由他的母亲或者别人去保持，听他每天从《圣经》或别种英文书上选读几段。

164 我认为拉丁文对于一个绅士是绝对必需的。实则，习俗支配着一切，它已把拉丁文变成了教育的一个重要部分，以致有些儿童虽然一旦离开学校之后，一生一世再也用不着和拉丁文发生关系，也被鞭笞迫着去学拉丁文，把他们许多宝贵的光阴不安地花在拉丁文上。一个做父亲的人把自己的金钱花掉，把儿子的时间浪费，使他去学罗马人的文字，同时又打算叫他去学习一种根本用不着拉丁文的行业。他在学校里面学到的一点点拉丁文，后来也准会忘记的，而且因为学习拉丁文受过虐待，对于拉丁文也十之八九会感到畏惧。你想，世界上还有比这种情形更可笑的吗？一个儿童对于某种文字日后本来是绝对用不着的，却被强迫去学习些粗浅知识。写字与算账在各种生活中都有极大的用处，尤其是在多数的商业上，绝对缺少不了，他却加以忽视，若非我们到处都有这种例子，我们对于这种情形能够相信吗？但是，虽然这种种经商处世的本领，在文法学校里面是很不容易获得的，也许根本不能得到，然而事实上不独绅士们把他们的打算习商的幼子送进了文法学校，就是商人和农民，虽然既没有意思，也没有能力去使他们的孩子变成学者，也都把子弟送进文法学校。假如你问他们为什么要这么办，他们就会把你的问题看成一个奇怪的问题，以为这是和问他们为什么要进礼拜堂一样地奇怪。**习俗代替了理智**，在以习俗代替理智的人看来，这种办法是神圣的，他们对它差不多是宗教般地遵守着，他们牢守这种方法，好像他们的孩子如果不学利利（Lilly）的文法就等于没有受到正统的教育似的。

165 尽管拉丁文对于某些人怎样必要，对于另外某些人虽则完全没有用处，也被看成是必要的。然而我对于文法学校所用的一般教授拉丁文的方法，经过考虑之后，却认为是不能加以鼓励的。反对这种教法的理由很明显，能够使人信服，所以有些明白事理的人已经放弃了通用的方法，获得了成效，虽则他们所用的方法还不完全是我所认为最容易的方法。这个方法，简而言之，就是这样的。**绝对不要用文法去麻烦儿童，要像说英文一样，向他说拉丁文，不必受到规则的烦扰。**因为假如你肯想想，你就可以知道，**儿童初到世上来的时候，在他看来，拉丁文并不比英文更生疏。**但是他学英文既不要先生，不要规则，也不要文法。可见只要时时有人向他说拉丁文，他是能够照着杜理（Tully）的样子，学好拉丁文的。我们常常看见，一个法国妇人教一个英国女孩子的法文，一点不要什么文法规则等等东西，只是和他闲谈，有了一两年的工夫，她就把法文说得很好，读得很好了。这就不能不令我感到奇怪，为什么绅士们在儿子身上竟把这种方法忽略过去了，以为儿子比女儿蠢，或者没有女儿能干。

166　所以，假如你能找到一个人，他自己的拉丁文说得好，时时能在令郎身边，经常跟他说拉丁文，不准他说别种文字，或者读别种文字，这就是教授拉丁文的真正方法。我所主张的就是这种方法。因为它不独是儿童习得一种文字的最容易和最好的方法，使他不受辛苦，不受谴责就能学会别人在学校里面要受鞭策，要花六七年工夫才能学会的文字。同时他又可以因此形成儿童的心理与礼仪，并且还可以使他学习别的几种科学，如地理、天文、年代学、解剖学的大部，历史的一部分，以及别的种种属于感官范围以内而又只需运用记忆的事物的知识。因为我们假如采用真实的方法，我们的知识应该从这种地方开始，应在这些事物上面奠定基础。不要奠定在逻辑与玄学的抽象观念上，因为**它们在悟性乍一出发求知的时候，只能使悟性得到娱乐，而不能使它得到启迪。青年人把脑筋用在这种抽象的思考上面，如果过了一些时候，不能得到成功与进步，或是不能得到他们预先期望着的用处，他们就会看不起学习，或者看不起自己了。他们觉得书本里面只有一些困难的字句和空虚的声音，此外别无所有，他们就会抛弃功课，弃掉书本了。再不然，他们就会去下结论说，假如书本里面具有任何真实的知识，那就是他们自己没有理解那种知识的悟性。**这是实际的情形，也许我自己的经验就可以向你作证。一个青年绅士当别的年岁相同的人正在全力学习拉丁文与文字的时候，他所应该采用这种方法去学习的种种事物之中，我还可以把几何学也加上去。因为我知道有一个用这种方法教养的青年绅士，他还不到十二岁就能够证明几何学上欧几里得（Euclid）的好几条定理了。

167　不过，假如你找不到这样一个既会说拉丁文，而又能把这种种知识教给你的儿子的人，愿意用这种方法去教授，那么，其次一个最好的方法就是尽量用接近这个办法的办法去教他，就是，找一本容易而又有趣的书，如同《伊索寓言》之类，**把英译（要尽量直译）文字写在一行，把相当的拉丁字写在正对面的一行。**让他天天反复诵读，直到完全了解了拉丁文的意义为止。然后再读别本寓言，也要完全掌握，即使他已经懂了的部分也不可删节，也要间或温习一下，省得忘了。当他写字的时候，就可以用这种课本给他做习字的范本，这样，他就一方面训练了手，另一方面在拉丁文上面得到了进步。这种方法没有用拉丁文向他说话的法子好。教的时候先要使他完全熟记动词的构造，然后再去熟记名词与代名词的变用，使他容易明白拉丁文字的精髓和款式。因为拉丁文的动词和名词不像现代的语言一样，字义更换的时候不是在字前加上不变语，而是改变字尾的音节。我觉得过此以往的文法他是不必需的，一直要到他能够自己用斯齐俄彼阿斯（Scioppius）和培利查阿斯（Perizonius）的注解去读《圣米勒娃》（*Sanctii Minerva*）的时候为止。

教导儿童的时候，我觉得还有一点要遵守的，就是**在大多数的情形之下，如果他们遇了困难，不可把困难交给他们自己去解决，使得他们益发感到迷惘。**如同问他们种种问题，比如问他们所要解析的句子里面的主格是什么，或者当他们不能立刻答复的时候，因为想要使得他们明白“已经带走”（abstulere）的意义，便去问他们“带走”（aufero）是什么意义。**这种办法徒然耗费时间，使得他们不安。因为当他们正在用心学习的时候，他们应该高高兴兴，一切事情都应该使他们感觉到容易，充分感觉到快乐。所以无论在什么地方他们停顿下来，而又想前进的时候，你应该立刻帮助他们去克服困难，不可加以任何斥责。你要记得，如果教师用了比较苛刻的办法，那就完全是由于教师骄傲任性之**

故，他以为自己所知道的事情，儿童也应该立刻完全明白。其实，他应该想一想，他的责任是在使儿童养成习惯，不在愤怒地用规则去吩咐儿童。因为规则对于我们人生的行动是很少帮助的，或者至少，对于儿童没有用处，因为儿童学了规则立刻就会忘记的。在需要运用理智的科学上面，我也承认这种方法有时可以改变，我们可以故意提出一些困难，去激发他们的努力，使他们的心理习于竭尽全力去推理。但是我觉得这在儿童年纪极小的时候也是不行的，他们乍一接触任何知识部门的时候也不能这么办，那时一切事情的本身都是困难的，教师的重大作用和技巧就在尽力使得一切事情变容易。尤其是在学习文字上面，最不应该使儿童感到窘迫。因为文字是要靠呆记、习惯和记忆才能学会的，才能在一切文法规则完全忘却之后还说得最完美。我承认，一种文字的文法有时候是要极其仔细地加以研究的，但是这种研究只能由一个想要精密地了解某种文字的成人去做，这很少是专门学者以外的任何人的工作。我觉得大家会同意，**一个绅士如果要研究任何文字，他就应该研究他本国的文字**，以便对于自己常用的文字得到一种绝对正确的了解。

做教员的人之所以不应该向他们的学生提出困难，之所以相反地应该帮他们扫清道路，在他们遇到阻难的地方应该立刻帮助他们前进，此外还有一个理由。**儿童的心理是仄狭与脆弱的，通常一次只能容纳一种思想。**一个儿童的头脑里面无论有了什么事情，那事情就占住了他的头脑，**尤其是同时有了相伴而来的任何情感时是如此。所以，儿童学习任何事物的时候，做教员的人就应该施展他的技巧，去为他们排除一切杂念，最好使他们腾出地方来接受他们所应接受的思想，使他们能够专心勤勉地来接受，否则它在他们的心里便不会留下印象。儿童的天性是使得他们的心理见异思迁的。只要有了新奇的事情就可以打动他们，无论见了什么新奇的事情，他们立刻就急于要尝试，尝试过后立刻就腻了。他们对于同一件事很快地就感到厌倦，所以他们的快乐差不多全是建立在更换与变化上面的。要使儿童去固定他们的变换不居的思想，是与儿童时期的天性不能相容的。**这种情形，不知道是不是由于他们脑筋的气质之故，还是因为他们的血气太快，不安定，不能完全服从心理的支配。显而易见的是，**要儿童把思想长久用在某一件事情上面对他们是一种痛苦。长久持续的注意是能够加给他们的一件最苦的差事。所以，凡是要使儿童勤勉用心的人，他就应该尽量使得他所提议的事情显得可悦可喜，至少，也不可使它带来任何使人不高兴的或受到惊吓的观念。**如果他们读书的时候不感到喜悦，他们的思想自然会永远离开他们所不喜欢的事情，去在比较可喜的事物上面寻求较大的快乐，而他们也就不可避免地要在那些事物后面去闲荡了。

我知道，做导师的人常用的方法是，如果看见学生稍微有一点点分心，他们就用斥责与惩罚去使他们注意，使他们把心思固定在当时所从事的事情上面。**但是这种办法是一定会产生相反的效果的。儿童从导师方面受了任情的言语或鞭挞，他的心里就充满了恐怖，恐怖立刻就占据了他的整个心理，使它再也没有容纳别种印象的空隙了。**我相信读了我这节话的人一定都会回忆到，自己从前受了父母或教员的粗率专横的斥责，思想是何等的紊乱，当时脑筋因此变成了一个什么模样，以致对于自己说出的和听到的话都茫无所知。他立刻不知道他当时的处境了，他的心里充满了紊乱与狼狈，在那种情形之下，再也不能注意到任何事物了。

真的，父母和教师应该使受教的儿童畏惧自己，去树立自己的威信，而且应该用威信去管束他们。但是他们一旦获得了对于儿童的支配以后，使用的时候就得**十分慎重，不可把自己当成惊吓鸟儿的稻草人一样，使学生见了自己的面就害怕。这种严酷的办法，可以使他们容易管束，但是管束对于他们的学生的好处是很小的。儿童的思想若是受到任何情感的支配与扰乱，他们就不应学习，尤其恐怖时是如此，因为恐怖在他们的脆弱的精神上面可以产生最强烈的印象。你要他的心理接受你的教导，或者增加知识，你就应该使它保持一种安闲澄静的气性。你不能在一个战栗的心理上面写上平正的文字，正同你不能在一张振动的纸上写上平正的文字是一样的。**

教员的巨大技巧在于集中与保持学生的注意，一旦办到了这一点，他就可以在学生力所能及的范围以内，尽速前进了。否则他的一切纷扰忙碌，结果就会很少，甚至没有结果。为了达到这个目的起见，**他应该使儿童尽量明白他所教授的东西的用处**，应该使他知道，利用他所学过的东西，他就能够做出以前所不能做的事情了。这种事情能给他以能力，能给他以胜过不懂这些事情的人的真正好处。除此以外，**他在他的一切教导上面还要加上和蔼的成分**，他的整个举止应该显得慈和，**使儿童知道他是爱他，为的只是他的好处**，这是使儿童发生爱好，使他因此肯去听课与爱好他所教导的事项的唯一方法。

除了顽梗以外，什么事情都不应该使用任何专横或粗暴的办法去对待。其他一切过失都应该用温和的手段去改正。**温和勉励的言词对于一个顺从的心理的效力比粗暴专横的办法好，而且可以把粗暴专横的办法常在良好豁达的心理上面生出的刚愎倔强的毛病预防一大部分**。自然，顽梗和有意的疏忽是应该克服的，即使要用鞭挞也是不能顾惜的。但是我觉得，学生的刚愎倔强常常是导师刚愎倔强的结果。我又觉得，**如果儿童不是因为受了不必要的和施用不得其法的粗暴待遇，以致学会了一副恶劣的性情，憎恶他们的教员，憎恶从教员而来的一切事情，则大多数的儿童都是很少应受鞭笞的。**

疏忽，不经心，见异思迁，思想迷乱，这都是儿童时期的自然的过失。所以，只要他们不是存心如此，都是应该温和地加以提醒，逐渐地去制服的。假如这种缺点每次都惹起恼怒与申斥，则责备和惩罚的机会必然时时到来，以致导师在学生的心目中永远变成一个可怕的、令人不安的对象。单单这一点就可以使他们从他的教课上得不到利益，使导师的一切教导方法都失效了。

他应该经常对儿童表示一种慈爱和善意，去调剂儿童从他那里所取得的畏惧，这种情爱就可以鞭策他们去尽他们的责任，使他们乐于服从他的吩咐。这就可以使他们得到导师的满意，可以使他们听他的话，好像听从一个爱护他们，为他们的好处而吃苦的朋友一样。这就可以使他们在与导师相处的时候思想感到安舒与自由。他们必须具有这种心情、心理才能接收新的知识，容受印象，那些印象如果不被他们所接

收、所保持，那么，他们和教师合作的一切事情便都是白费，其中不安的成分多，而学习的成分少。

168 他用这种拉丁文与英文相间排列的办法，对于拉丁文字具备了相当知识之后，他就可以进一步去读别种容易的拉丁书籍，如同查士丁（Justin）或攸特罗波阿斯（Eutropius）之类了。为使他在阅读和了解两方面少感烦难起见，假如他愿意，他可以用英文译本去帮助他自己。有一种反对的说法，说这样一来，他便只会呆记了，这种说法谁都不可害怕。如果仔细想想，这种说法，是无力反对采用这种方法去学习文字的，而且正是明白地为这种方法做辩护的。因为**文字原是只能从呆记去学习的。**一个不能完全靠呆记说英文或拉丁文的人，是既不能够把它说得好，也不能够精通它的。至于靠呆记去说，则说的时候只要想到了要说的事情的本身，便不必顾到规则或文法，他的舌头自然就能够说出那种文字的恰当的说法和习语了。我倒很愿意有人能给我指出一种靠文法规则可以学好或说好的文字。**文字不是规则或人工造成的，它的成立由于偶然，由于人们的共通用法。**凡是想把文字说好的人，只有那条规则可守。他不能凭靠别的东西，只有凭借他的记忆和一种按照说法正确的人的说法去说的习惯，换句话说，就是只有靠呆记去说。

也许有人在这里要问，然则文法就没有用处了吗？然则那些花费许多气力，去把某几种文字弄成规则与解说，写下许多关于名词和代名词的语尾变化，与动词的活用法，以及动词和主格的呼应法与造句法的人，都是白花了劳力，学了完全没有用处吗？我说不是这样的，文法也有它的地位。但是我觉得我可以说，文法引起的骚扰太多了，大大多过了实际的需要。那些为了文法受了苦楚的人，其实他们一点都不需要文法，我的意思是指一般在文法学校里面因为文法受着困扰的儿童。

用呆记方法学会的文字，在一般生活和商业上是很够用的，这是一件再明显不过的事。那些身份很高的，与受过良好教养的伴侣相处的女性的情形，也可以使我们知道，这种平易自然的，一点不学文法或具备文法知识的方法，也可以使她们的言语非常文雅，有礼。有些从来不知道何谓动词的时态与分词，不知何谓副词与介词的女子，她们说起话来，其得体，其正确，也与一般文法学校用通行的方法教养出来的大多数绅士没有分别（假如我说和任何乡下的学校教师没有分别，她们还会觉得我不客气呢）。所以我们说文法在某些情形之下是可以不学的。接着有人一定会问，然则什么人才该学文法，并且要在什么时候学呢？我对于这个问题的答复是：

第一，一般人学习文字的目的是为日常的社交与交换思想之用，他们没有更进一步的用处。对于这个目标，原来用会话去学习一种文字的方法不独已经很够用，而且因为它最省时，最合适，最自然，所以也是一个较好的方法。所以，就文字的这项用途而论，我的答复是文法并不需要。对于这一点，我的许多读者不能不同意，因为大家对于我这里所说的话当然懂得，大家在与别人交谈的时候，自己虽则从来没有学过英文文法，也可以了解他们的意思。我相信这种情形大概占了英国人中的无可比拟的最大多数，**我还没有听说过有用规则去学会他的国语的。**

第二，此外还有一种人，他们大多数的职业是靠口舌笔墨过日子的，他们说话虽则并非必须合适、正确，但是最好能够说得合适而又正确，好使自己的思想更易达到别人的心里，产生更强的印象。因此，一个绅士无论说那种话，单能说得使人懂得是不够的。他应该研究文法以及别种可以帮助他说话说得好的方法，**但是他所研究的应该是他的国语的，是他所使用的文字的文法**，好使自己好好地懂得本国的文字，说得合适，免得说出一些违背文法的，令人不快的不合规范的话，使听者听去刺耳。**文法对于这种目的是必需的。但是只限于他们自己的固有的文字的文法，只限于想要竭力磨炼自己的文字和把文体弄得完美无疵的人。**至于一切绅士是不是不应该这样去做，我要让它得到考虑，因为大家觉得说话不得体，不很切合文法，是很不合于一个绅士的身份的。一个人有了这种缺憾就常常遭人责备，说是他的教养差，伴侣坏，不合他的身份。假如这种说法是对的（因为我假定它是对的），那么，为什么青年绅士们被人强迫去学外国的、死的文字的文法，却从来没有人把他们的本国文字的文法告诉他们，这就不能不算是一件奇事了。

他们根本不知道有这种东西，更说不到正式去学习了。而且大家也从来不告诉他们，说他们的本国文字值得他们去注意，去加番磨练，虽则他们对于本国文字是天天要用的，日后说得好与不好也常常被人当作评判他们的标准。至于他们用心研究过文法的文字，他们日后也许很少有说它写它的机会，即使有了说它写它的机会，他们弄出了错误也会得到别人的原谅。假如有一个中国人看到了这种教养方法，他岂不会生出一种感想，以为我们的青年绅士们都是预备当教员和教授，去教外国的死文字的，而不是预备在自己的本国文字上面成个行家的吗？

第三，此外还有第三种人，他们专心研究两三种外国的、死的文字（我们叫做学者所学的文字），以能精通这两三种文字为荣。无疑的，凡是以这种眼光去学某种文字，希望精通那种文字的人，当然应该仔细研究它的文法。大家不要误会我，以为这是把希腊文和拉丁文的价值看低了，我承认希腊文与拉丁文有很大的用处，非常优美，一个英国人不懂得它们就不能算是一个有学问的人。但是我觉得一个绅士要从罗马、希腊的作家中间获得对于自己有用的知识，他尽可以不必研究它们的文法，单靠阅读就可以充分懂得它们，完全达到他的目的。至于他对这两种文字日后应该研究多少文法，求个精确，那是他到了研究任何事情，有了必要的时候，他自己可以决定的。这就把我引到了问题的另外一部分了，就是：

文法应该在什么时候学习呢？

根据前面说过的前提，我对于这个问题的答复是很明显的，就是：

如果在任何时候要教文法，就应该教给一个已经能说那种文字的人，否则他怎么能够学习它的文法呢？关于这一点，至少看了古代的贤明有学问的国家的办法就可明白。他们把文法当作磨练本国文字的教育的一部分，不是外国文字。希腊人把别的国家的人都看成野蛮人，对别的国家的文字也是看不起的。罗马人虽则在共和末年的时候很崇仰希腊学问，但是他们的青年研究的还是罗马文字，他们用的是他们自己的文字，所以他们所学的和练习的也是他们自己的文字。

但是，要比较具体地确定教授文法的适当时机，我觉得文法除了作为修辞学的预备以外，没有理由可以让人去研究。一个人要到应该润饰言词，说话应比没有受过教育的人说得好的时候，方才可以学习关于文法的规则，在此以前不要去学。**因为文法的功用不在使人能说话，而在使人说话说得正确**，并且能够按照语言的准确规则去说，这就是说话优美的一步功夫，如果说话不必优美，文法上的规则就很少用得着了。修辞学不必需，则文法就可以省掉。我不知道一个不想当拉丁文的批评家，或者用拉丁文演说，或者用拉丁文写急信的人，为什么要去浪费时间，要去为拉丁文的文法而费脑筋。一个人如果自己觉得有种必要，或者有种心情，要去彻底研究某种外国文字，希望确切地了解它，他是有时间去在文法上对它加以研究的。**假如他用它的目的只在希望看得懂用那种文字写出的书籍，不求精通那种文字的本身，那么，我已说过，单是阅读就可以达到这个目的，心里不必记上许许多多的规则和错综复杂的文法。**

169　为他练习写字起见，你可以让他间或把拉丁文译成英文。但是学习拉丁文就不外学习拉丁字，这种工作无论老少都是很不喜欢的。所以你应该尽力给它增加一些真实的知识，开始的时候应该利用感官最易明白的事物，如关于矿物、植物和动物的知识，尤其是木材、果树，它们的各个部分与繁殖的方法，有许多都可以教给儿童，同时对于成人也不是没有用处的。地理、天文和解剖学更应该利用。**不过你无论教他什么东西，你应当心，不可一次给他塞得太多。同时除了纯然的德行以外，一切事情都不可当成他的一种任务，除了邪恶或明显的邪恶倾向以外，一切事情都不可责备他。**

170　但是如果他注定了不能不进学校去学拉丁文，那么，即使我把学校里面应该采用的最好的方法说给你听，也是枉然。你只能顺从学校的成规，你不能希望学校的方法为你的儿子而改变。但是如果可能的话，你就应当用尽方法，使他不要用拉丁文作文和演讲，尤其不要作任何韵文。如果这种办法有好处，你就应该坚持，说你不打算叫他变成一个拉丁文的演说家或诗人，你只希望他彻底懂得一个拉丁文的作家而已；说你看见教近代文字教得有成绩的人也从来不叫学生用法文或意大利文演说或作诗，去使他们感到高兴，**他们的责任只是文字，不是构想。**

作　文

171　但是关于我为什么不要他练习作文与作诗，我还要比较详细地告诉你。第一，我承认，作文有个有用的借口，就是认为它可以教人说到任何题目的时候说得漂亮，说得好。假如这个目的真能用这种方法去达到，我也认为是一种很大的好处，一个绅士随时说话说得好，说得中肯，这对他是最合适的，在一切生活的情境中也最有用。但是我可以说，一般学校里面所用的作文的方法对于这个目的一点帮助都没有。因为你只要想一想，看看青年人作文的时候所从事的是什么，无非是就拉丁成语，如同“爱情战胜一切”（omnia vincit amor）或“在战场上不能允许有两次的错误”（non licet in bello bis peccare）之类做成演说词而已。可怜的孩子，他对于自己要说的事情一点也不懂得（那是只能从时间与观察中去懂得的），但又不能不苦思冥索，去在他一点都不懂得的事情上面勉强说出一些话来。这简直是一种埃及式的虐政，他们没有做砖的材料，却要吩咐他们去做砖。所以，在这种情形之下，可怜的孩子们就常常跑去请求高级的同学说：请你给我一点点意思吧。这种情形究竟是合理的成分多，还是可笑的成分多，真是难说得很。**一个人在对于任何题目能够发挥意见之前他应该先熟悉那个题目，否则叫他去说就等于叫一个瞎子去谈颜色，或者叫一个聋子去谈音乐一样愚蠢。**假如有一个人要另外一个完全不懂得我们英国法律的人来辩论一个法律问题，你不会觉得他有点发狂吗？然则为了增进和训练学生的想象力，便常常叫他们去做作文讨论某些事情，我且请问，他们对于那些事情懂得什么呢？

172　第二，请你想想他们作文所用的文字，那是拉丁文，是一种外国的，久已到处作废了的文字，这种文字是令郎在长大成人以后，一生一世，千分中难有一分机会去用来演说的，而且用这种文字为发表意见的方式又与英文大不相同，学好了对于他的英文文体的纯粹与熟练也极少帮助。加之，在我们英国的事业中，各方面都很少机会用得着预先备好的英文讲稿，所以我真看不出学校里做这种练习有什么理由，除非是说，预备惯了拉丁文的演说词就可以使人学会即席用英文演说。要使一个人能够即席演说，我觉得方法应该是这样的：要按照青年绅士的年龄与才能，就他们所不完全不知道的，也非与他们迥不相谋的事情上面去向他们发出合理而又有用的问题。当他们已够成熟，能做这种性质的练习的时候，要叫他们不动笔，即席，或者稍微思索一下就说。因为我且问你，假如我们能去考察这种学习说好话的方法的效果，你觉得有了任何辩论的机会，哪种人会说得最好呢？是那些惯于在说话以前起好稿子的人呢，还是那些只去临时把事情想想，力求了解，即席就说的人呢？只要肯从这种地方去判断，就不会认为，使人习惯于用修饰过的演说词和现成文稿的办法是使青年绅士适于任事的了。

173　但是也许有人会要告诉我们，说作文的目的是在增进和完成他们在拉丁文上的能力。是的，这是他们在学校里面的正当工作，但是作文不是达到这个目的的方法。作文使他们的头脑因为要想出些事情去说而感到为难，不是因为要去学习字句的意义，他们作文的时候所吃力地去寻找的是思想，不是文字。但是学习和精通一种文字，它的本身就是一件够不舒服，够不快乐的事，不应该像这种方法一样，又用其他困难去拖累它。总而言之，**如果我们要想用这种训练去促进儿童的构想，我们就应该让他们用英文作文，因为他们的英文熟练，用字自如，他们用本国文字写出来的思想就比较容易看出是一种什么思想。**如果要学拉丁文，就应该用种最容易的方法去学习，不可搞演说词之类的困难工作，去使心理受磨难，使它感到厌恶。

作　诗

174　假如这可以作为反对儿童在学校里用拉丁文作文的理由，那么，我就有更多更重的话，去反对他们作韵文。任何种类的韵文，因为假如他没有作诗的天才，却要使他吃苦，使他把时间浪费在决不能够成功的事情上面，那是一件世界上最无道理的事情。假如他本来具有一个诗人的气性，而做父亲的人却还希望或听任他得到培养与增进，我觉得那就是世界上一件最奇怪的事情。我觉得做父母的人应该尽力把它压制下去，我想不出一个不愿意儿子蔑视其他一切职务与工作的父亲，有什么理由要希望儿子成为一个诗人。但是这还不是最坏的情形，因为假如他一旦成了一个成功的诗人，获得了一个才子的名誉，我希望大家考虑考虑，看他的时间会花在一些何等模样的伴侣与地方，不，还有他的财产也是一样，因为从来就极少有人在“诗文之府”（parnassus）里发现过金矿或银矿的。这是一个可悦的外表，但是是一块硗瘠的土地，世上从来就很少有人从那里得到了东西，去增加了他们的袭产的。诗和赌博常在一道，它们在这种地方的情形是相似的，它们的好处绝少，只能使无法谋生的人得到利益。有钱的人总是受损失，他们只要没有把全部财产或者最大部分的财产失掉就算不错了。所以，假如你不愿意令郎变成每个欢乐朋友的四弦琴，使他们离了他就觉得喝酒也没有意味，一下午也不知道怎样闲荡过去。假如你不愿意他花费自己的时间与财产去给人解闷，同时把祖先遗下的不洁的田地也都弃置不顾，那么，我觉得你是不会十分关切，要使他变成一个诗人或希望他的学校教师教他作诗的。不过，万一有人觉得作诗是他的儿子应有的品质，觉得研究做诗可以增进他的想象和才能，他也应当承认，要想达到这个目的，与其让他自己用外国文作歪诗，也还不如让他阅读优美的希腊与罗马诗人的作品，来得有用。至于想把英文诗作好的人，我想他是不会以为应当先从拉丁诗着手才能达到他的目的的。

记　忆

175　一般文法学校还有一种常用的方法，我觉得也完全没有用处，除非它的目的是在阻碍青年男子对于文字的学习，我认为这是应该尽力变得容易，变得有趣味的。我主张使人痛苦的成分应该尽量去掉。我在这里所指的，所反对的，是他们被迫去熟记教给他们的许许多多作家。我觉得这种办法一点点好处都没有，尤其是对于他们所从事的工作没有好处。**学习文字只能依靠阅读与谈话，不是零零星星死记一些**

作家就可以学得好的，一个人的脑袋里面一旦塞满了这种东西，他就是得到了合于一个学究的装饰品，并且可以使他变成一个学究。世界上再也没有比这更不合于一个绅士的事情了。因为一个人自己材料空虚，却把别人的丰富美丽的思想和言词掺杂进去，世上哪有比这更可笑的事呢。结果徒然更加表现自己的空虚，里面一点优雅的成分也没有，并不能够因此就说得使人中听，正同一件陈旧的褐布上衣，却去大块地补上金色辉煌的缎片是一样的道理。青年学生遇见一段值得记忆的文章，它的表现非常紧凑，非常优美（在古代作家中，这种文章是很多的），他们用心记下，用这种大作家的好文章来训练学生的记忆，自然是可以的。但是要他们对于书本不加选择地、不加辨别地熟记，我却看不出有什么用处，结果徒然浪费他们的时间和精力，使他们因为从书本只能得到无益的麻烦，因而憎恶书本而已。

176 我听见有人说过，儿童应该用熟记的方法学习，这样去训练与增进他们的记忆。我希望这种说法里面理智的根据和自信的成分一样多，我希望这种办法根据良好的观察者多，而根据古老的习俗者少。因为很明显，**记忆的强度是由于幸福的体质，不是由于训练得来的任何习惯性的改进。**自然，心理如果注意某件事情，恐怕忘了，时时回忆，加深印象，那件事情便容易记住，不过记住的程度还是要看自己固有的记忆力的强度的。一个印在蜂蜡或铅质上面的印象决没有印在黄铜或钢铁上面的经久。如果印象常常重现，则印象可以比较持久，但是每一次新的回想就是一个新的印象。如果你要知道心里能够记住多久，你就应从新的印象算起。**不过熟记一页一页的拉丁文是不能使记忆力更能记住别的事情的，正同在一块铅上刻上一句话，不见得就更能保持别的字句一样。**假如这种记忆的训练真能增加记忆的力量，改进我们的才能，那么，一切别的国家的艺员们就应该都有最好的记忆，应该都是最好的伴侣。但是他们这样杂乱地学来的东西究竟能不能使他们容易记住别的事情，他们熟记了别人的言词，他们的才能又是不是与他们所花的力气比例地增进，这都是经验可以证明的。记忆在人生的各个部分与各种情况中都是必需的，很少离得开它，假如训练可以加强它，我们是用不着担心它因为没有训练的机会而变得迟钝和变得无用的。**不过我总担心这种心理上的能力不是我们用任何训练或努力的方式就可以使它一般地大大增进的**，至少文法学校以此为借口的方法是没有这种力量的。从前薛西斯（Xerxes）能把他的军队里面的十来万兵士一个个唤出姓名，我觉得他之所以具有这种非凡的能力，并不是从小时候熟记功课得来的。我觉得这种离开书本吃苦地背诵读过的东西，以期训练和增进记忆力的办法，在君王的教育上用得很少，假如这种方法真有大家所说的好处，则君王也会同最低微的学生一样，不会忽视它的。君王也与任何人一样需要良好的记忆，他们这种能力通常也与别人不相上下，虽则从来没有用这种办法去照料过。**凡是心理所注意**，所留心的事情，**它就记得最好，理由是在上面已经说过了的。假如加上方法与顺序两点，我觉得对于不良的记忆就算是尽到了帮助**。如果有人要用任何别的方法，尤其是使心理记住别人的成串的言词，其实学习的人自己并不留心，我觉得所费的时间与劳苦很难得到一半的利益。

我的意思并不是说不要让儿童训练记忆。我觉得他们的记忆应该运用，但是不能用在熟记整页整页的书本上面，因为一旦功课背诵过了，工作完了，他们就会把它忘却，再也不去理会它了。这种办法既不能够改进他们的记忆，也不能够改进他们的心理。他们对于作家所应熟记的事项，我在上面已经说过了，这种表现智慧的有用的文句一旦让他们去记之后，他们就决不应该再忘却，而应常去说明它们的意义。这样一来，除了这些文句都是一些良好的规则与观察，日后对他们有用以外，同时他们又可学会常常回忆，想想自己应记的是些什么，这就是使记忆变得迅速有用的唯一方法。**时常回想的习惯可以使得他们的心理不至于跑野马，可以把他们的思想从无益的、懈怠的漂泊中唤回来。所以，我觉得最好每天给他们一些事情记记，不过所记的事情的本身要值得记**，要是那些当你要用或他们自己要找时就应永远存在心里的事情。这就可以迫使他们经常用心，这是他们所能养成的最好的智能上的习惯。

拉 丁

177 但是，当儿童稚弱可塑的时候，无论他由谁管教，有一件事情是肯定了的，就是管教的人应该认定**拉丁文与文字是教育上最无关系的一部分；应该知道德行与善良的心灵比任何学问或文字都重要，要把他的主要工作放在形成学生的心理，使他具有一种正当的心情上面。有了这一点，其余一切的事情，即使全然没有注意，到了相当的时候，自然就会产生出来；如果没有这一点，不能排除不良的与邪恶的习惯，那么，文字、科学以及教育上的其他一切成就都没有用处，就只能使得一个人变得更坏、更危险而已。**其实，大家尽管忙忙碌碌，去学拉丁文，以为这是一件重大而且困难的工作，其实他的母亲只要每天肯花两三小时，叫他把用拉丁文写成的“福音书”读给她听，她自己就可以教给他了。因为她只要买一本拉丁文的《圣经》，找人把两个音节以上的拉丁字的最末第二个是长音的音节加以标记（这就能调节她的发音，使她读得出重音了），每天去读“福音书”，顶好不必从拉丁文去读懂。如果她读懂了拉丁文的“福音书”，她就可以用同样的方法去读《伊索寓言》、《攸特罗彼阿斯》、《查士丁》以及其他类似的书籍。我之所以提到这个办法，并不是纯凭想像，我是知道有人这样做过，安适地学会了拉丁文的。

但是回到我所说的本题吧。负责教养青年的人，尤其是负责教养青年绅士的人，他所具备的应该比拉丁文多，比普通的科学知识也要多。**他应该是个具有高超的德行、持重、明达、和善的人，同时又要具有能够经常庄重、安适、和蔼地和学生交谈的本领。**不过关于这种种道理我在别的地方已经说过很多了。

178 上面说过，一个儿童学习法文与拉丁文的时候，同时也可以学习算术、地理、年代学、历史和几何。因为假如用法文或拉丁文教他这种种学问，他一旦能够懂得拉丁文或法文之后，他便在文字之外又获得了关于这种种科学的知识。

地　理

我觉得开始应该学地理，因为学习地球的形状，世界四大部分的位置与疆界，以及某些王国与国家的位置与国界，不过，这是一种视觉与记忆力的训练，一个儿童是会高高兴兴地去学习，去记住的。这是一定的。现在，我住的屋里就有一个孩子，他的母亲便用这种方法把地理教得很好了。他年纪还不到六岁就已经知道了世界四大部分的界限，如果问他，他就能够立即在地球仪上指出任何国家，在英国的地图上指出任何郡县。他知道世界上一切大河、海角、海峡与海湾，他能够找出任何地点的经纬度。我承认，他在地球仪上应当学习的，还不止这么一些通过眼看与熟记的事。不过这是良好的一步，是一种准备，一旦他的判断力成熟了，余下的就会易学得多。而且他的时间相当充足，他乐于知道事物，他就可以因此在不知不觉之中学会文字了。

算　术

179　他记住了地球仪上的各个自然部分以后，便应该开始学算术了。我之所谓地球仪上的各个自然部分，是指在各种名目与国别之下的海陆的部位，还谈不到那些人为的和想像的界线，这种界线全是设想出来为改进地理科学之用的。

天　文

180　算术是心里通常所具备，或习惯的最容易的，因而是最初的抽象的推理，它在生活与工作的各个部分的用途都很普遍，差不多没有什么事情离得开它。当然，一个人的算术不怕懂得太多，不怕懂得太彻底。所以他应该在有了计数的能力的时候，立刻就去练习计数。他每天都应该计计数，直到掌握了数的技术。他到懂得了加法与减法的时候，他就可以进一步去研究地理，等到他把两极、带、平行圈与子午线弄明白之后，就可教他经纬度，使他从经纬度去学会用地图，从地图两侧的数目字去了解各个国家的位置，去学会在地球仪上面找出那些国家。当他能够做到这些事情之后，他就可以去研究天球仪。他应该再把那些圈全部复习一遍，尤其要仔细观察黄道，要在心里把它们全部弄清楚，然后就可以教以各种星座的形象与位置，先从天球仪上教，再从天空去教。

等到这步做完，他把我们这半球的星座弄清楚之后，这时就可以教他一些关于我们这个行星世界的观念了。教的时候不妨使他知道一点点哥白尼（Copernican）的学说，向他解释行星的位置，每个行星距离它们周转的中心——太阳的远近。这就可以使他通过最容易与最自然的方法，懂得行星的运行及其学说。因为天文学家既然全都不再怀疑行星是绕着太阳运行的，他就应从这种假设出发，这种假设不独最简明、最不使学生感到惶惑，它本身也是最符合真理的。不过教他的时候也与教授其他一切别的东西一样，你要十分注意，**要从明白简易的地方开始，一次教的分量越少越好，要等他们完全掌握了所教的材料，才可以再教那门科学里面的新材料**。最初可以给他们一个简单的观念，等到他们正确地完全了解之后，才能前进，然后再在达到你的目的的途中挑出第二个简单的观念，加到第一个上面。这样缓和地不知不觉地一步一步往前教去，他们的悟性就可以开发，思想就可以进展，远远超过预期的程度，而不会感到凌乱，不会吃惊。此外，**一个人如果学会了什么事情，要想使他记住，要想鼓励他前进，最好的方法莫过于使他教给别人。**

几　何

181　他照上面所说的方法熟悉了天、地球仪之后，他就可以学一点几何了。他学几何的时候，我觉得有了欧几里得的前六本书就够用了。因为我颇怀疑一个事业家再多学是不是必要的，或是有用的。至少，即使他有学习几何的天才和倾向，他从导师那里学过这么多以后，日后没有教员，自己就可以前进了。

所以，天、地球仪是应该研究的，而且应该勤加研究。我觉得假如做导师的人能够仔细地分辨什么是儿童所能知道的，什么他不能知道，学习还可以及早开始。这里有一条规则，它的通用的范围也许是很广的，就是，**无论什么事情，只要是在儿童的感觉范围以内，尤其在他们的视觉范围以内，如果只就训练他们的记忆而论，他们都可以学习。**比如一个极小的孩子，差不多在他刚刚知道自己所住的房屋以后，立刻就可以在地球仪上面学习哪是赤道，哪是子午线，哪是欧洲和哪是英国了。**我们只要注意，一次不要教得太多，所学的没有完全学会，没有记住以前，别教新的材料。**

年代学

182　年代学应该和地理同时学。我的意思是指年代学的轮廓，希望他能因此懂得整个时间的进程和历史上的几个大时期。历史是持重与公民知识的主宰，是绅士和事业家应该研究的。假如没有地理与年代学这两种知识，历史就不容易记住，很少用处，它就徒然会变成一堆乱七八糟的事实，既没有秩序，也没有教益。有了年代学与地理就可以把人类的作为按照时间与国别各各归入适当的地点。这样一来，那些作为就不独比较容易记住，而且有了这种自然的秩序，它们才便于被观察，使人在阅读的时候变成更好更能干的读者。

183　我说他应该精通年代学这门科学，我并不是指年代学里的细微争议。这种争议是无穷无尽的，大部分对于一个绅士没有多大用处，即使它们容易获得结论，也不值得去推敲。所以，一般年代学家的学术性争吵是应该完全避免的。关于这门学问，我所看见的一本最有用的书是司屈拉诘司（Strauchius）的一篇简短论文，书名叫做《年代学要略》（*Breviarium Chrono logicum*），一个青年绅士对于年代学所应学习的事项都可以从这里选出来，因为里面的材料，学生可以不必全学。他把一切最著名的或最常用的时期都化成了朱历（Julian Period），这是一个年代学上所能利用的最容易、最简明、最可靠的方法。除了司屈拉诘司这本书以外，还可以加上爱尔法格斯（Hclvicus）的表，这是一本随时用得着的书。

历　史

184　**最能给人教训的是历史，最能使人得到愉快的也是历史。因为它最能给人教训，所以它应由成人去研究，因为它最能给人愉快，所以我觉得它最合于一个青年男子去学习。**他一旦学过了年代学，知道了我们这个地方所经历的几个时代，而又能够把它们变成朱历以后，他就应该去学一点拉丁文的历史了。选择的时候要以文体平易为准，因为他无论从什么地方读起，有了年代学，它就不至于杂乱无章了。题材有乐趣，他就会乐于去读，而不知不觉之中也就学好了文字，不至于像一般儿童一样，因为要去阅读他们的力所不及的书籍，如同为了要学罗马的文字，就去阅读罗马的演说家和诗人之类的作品，以致大吃苦头。一旦他从诵读精通了比较容易的作家的作品，如查士丁、攸特罗彼阿斯、昆塔斯（Quintus）和库齐乌斯（Curtius）等人，然后再去阅读比较深奥一点的作家作品就没有大困难了。这样从文体最简明和最容易的历史学家渐渐读去，最后他就可以读得懂最困难和最高超的拉丁文作家作品，如同杜理、威吉尔（Virgil）和荷累斯等人作品了。

伦理学

185　儿童如果自始就在他的力所能及的一切事情上面多靠实行，少靠规则，去学习关于德行的知识，如果他能养成一种习惯，爱好名誉而不爱去满足自己的欲望，我不知道除了《圣经》上的，他是不是还应该再读别种关于道德的论文；我也不知道他在为了指导生活，要去知道德行的原则与教诫，而不是像学生要学拉丁文一样去读杜理的“职务论”（Office）以前，应不应该学习任何伦理学。

民　法

186　当他彻底消化了杜理的“职务论”，同时又学过了浦芬多夫（Puffendorf）的《论人及公民的责任》（*de officio hominis & civis*）之后，他就可以去读格老秀斯（Grotius）的《论战争及和平的法律》（*de* *jure belli & pacis*)，或者浦芬多夫的一本更好的书，叫做《论自然及人类律》（*de jure naturali & gentium*）。他就可以懂得人类的自然权力和社会的起源与基础，以及从此产生的种种责任了。这种关于民法与历史的一般研究，一个绅士不独应接触，而且应该经常推敲，绝对不可舍弃。一个有德行，行为良好的青年，能够精通民法概要（它所涉及的不是个人事件中的作奸取巧，是根据理智，讨论文明国家的一般事务与交际)，深通拉丁文，写得一手好字，他就可以出而问世，很有把握得到职业，到处受到重视了。

法　律

187　如果认为一个英国绅士不应该懂得他本国的法律，这是很奇怪的。一个绅士不论处在什么地位，法律都是必需的，从一个保安官一直到总长，我知道没有一个地方不需要法律。我的意思并不是指法律里面的奸巧或争辩与狡谲的部分。一个绅士的责任是在寻求是非的真实标准，而不在于习得一种技巧，去避免甲件事情，而在乙件事情上面去取巧，他决不应该这样去研究法律，他应该用心研究有益国家的事情。为了这个目的，我觉得一个不想以法律为职业的绅士研究我们的法律的正当办法是，去读读我们英国古代关于习惯法的书籍和一部分比较近代的论述英国政府的作品，从这中间去了解我们英国的宪法和政府。他一旦对于这种地方获得了一个正确的观念以后，他就可以去读本国史，并且在历史里面加上各个朝代的法律。这种办法可以表明我们英国各种法令的理由、制定的真实根据和应有的分量。

修辞学、逻辑

188　修辞学与逻辑这两种艺术，按照一般办法，通常都是紧跟着文法来学的，我以前对于它们说得很少，大家也许要觉得奇怪。原因是，它们对于青年人的好处很少。**因为我很少看见，也许从来没有看见过有人从这种自命为可以教人推理推得好，说话说得漂亮的规则上面学会了推理与说话的技巧的。**所以，我主张一个青年绅士只要知道它们的最简短的体系就够了，用不着多去考究那些程式。正确的推论，基础不在宾词和范畴上面，也不在于说的款式与辞藻。不过关于这些道理，我现在可以不必多说。回到我们目前的问题吧。如果你希望令郎推理推得好，你就可以叫他读契林渥斯（Chillingworth）的作品；如果你希望他说话说得好，你就可以让他精通杜理的作品，使他从此得到一个关于口才的真实观念。同时你可以让他读那些用美好的英文写出的东西，使他的英文文体达到纯洁的境界。

189　假如正确推理的用途与目的是在获得对于事物的正确的观念与判断，是在分别真假、是非，同时按照着这种分辨去行动，那么，你就决不可使令郎在争辩的技巧与程式中长大成人，他不可自己这样去做，也不可羡慕别人这样做。除非你不希望他变成一个能干的人，却希望他变成一个毫无价值的口角家，在谈论中固执己见，以为能够反对别人就值得自负。再坏一点的情形就是，对于一切事情都怀疑，以为争辩中只能找到胜利，找不到什么真理。**世界上最不诚实，最不适合于一个绅士，或者任何一个自命为理性动物的人类的事情，莫过于不服从明显的道理，不为明晰的辩难所折服。**对方的答辩无论如何圆满，令人满意，你都不肯罢手，只要能用模棱两可的话〔一种不能明是非的辩论方法（medius terminus）〕引起口角，或者获得胜利，就一直争辩下去。世上不合于有礼的谈话与一切辩论的目的的事情难道还有比这更有害的吗，他所说的话不管得当不得当，有意义或无意义，与原来所说的相同或相反，那都没有关系。因为简而言之，逻辑辩论的方法之极致，本来就在甲方决不同意乙方的答复，而乙方也决不屈从甲方的理由。对于任何符合真理或知识的事，任何一方都不能够这样去做，否则他就会被别人看做一个可怜的失败者，受到不能坚持自己的主张的羞辱，这就是辩论的主要目的和荣誉。**真理是要对于事物的本身加以成熟的与应有的考虑，方才能够获得，方才能够得到支持的，不是用人为的措词与辩论的方法所能获得的。**这种办法常常使人刁难地、谬误地运用恍惚的字眼，却不能使人发现真理，这是一种最无用、最讨厌的谈话方式，它最不合于一个绅士，或者一个爱好真理的人。

一个绅士如果不能通过写作或谈话去很好地表达自己的意思，那就是他的一个最大的缺点。不过，我觉得我还不妨问问我的读者，难道他不知道有许多家赀富厚的人，从名义上说来是应该具有绅士的品质的，可是他们连一个故事都不会讲，更谈不到把任何事情说得清清楚楚，令人信服吗？我觉得这不是他们的错处，而是他们所受的教育的错处。因此我不能不为我的同胞们说句公道话，我认为他们只要肯努力，他们是不会被他们的任何邻人所胜过的。他们学过修辞学，可是从来没有学过怎样用他们常用的文字漂亮地去说出或写出他们的思想，好像有些懂得说话的技巧的人所说的话既然经过了辞藻的润色，所以那些辞藻的名目就算是尽了能言的技巧似的。**这件事正与一切需要训练的事情一样，不是从多少规则可以学会的，而应按照良好的规则，最好是榜样，去训练与运用，直到成为习惯，容易做好为止。**

文　体

儿童到了能够说故事的时候，就不妨让他们说说他们知道的故事。要先给他们改正叙述结构中的最显著的错误。等到改正以后，就把次要的错误告诉他们，这样一个一个改正下去，务使所有的错误，至少是大错误，全都改正过来。**当他们学会了说故事的时候，你就可以教他们把故事写出来。**《伊索寓言》差不多是我所知道的唯一合于儿童之用的一本书，它就可以为他们供给材料，使他们去做这种写作英文的练习，正同它能供他们阅读与翻译，使他们去学拉丁文一样。一旦他们没有文法上的错误了，能够把一个故事的几个部分缀成一篇连续的、前后有照应的文字，不像通常的情形一样，在过渡的地方常常显得单调难看，那时如果有人希望他们在这种不假构想就能说得很好的第一步功夫上面再求进步，他就可以去求助杜理，杜理是一个能言善辩的人，他的第一本书名叫《论创造》(*De Inventione*)，书中第 20 节上面有一些规则，可以拿来练习，使他们由此知道一个写得漂亮的故事，究竟它的技巧和优美是在什么地方。这些规则每一条都可以找出恰当的例子，使他们因此可以知道别人是怎样实践的。这种例子在古代的经典作品中很多，他们不独应该拿来翻译，而且应该放在跟前，作为日常模仿的榜样。

当他们懂得了怎样把英文写得前后连贯、恰当、有条不紊，而写出的叙事文的文体又相当可观之后，他们就可以进一步去写信了。他们写信，不必在机智或客套上费劲，只要学着发表他们自己的平易的意思，不要前后脱节，显得混乱或粗率就够了。一旦他们做到了这一步，他们就可以拿福耳杜（Voiture）做榜样，去提高自己的思想，写下问候的、欢乐的、揶揄的或者游戏的信件，去慰藉远方的朋友。同时还可以拿杜理的书信作为商业的或交际的信件的最好范本。**人类生活中用得着写信的机会是极多的，没有一个绅士能够避免不在这种写作里面把自己表现出来。他每天都可以遇到一些机会，使他不能不这样去动笔。动笔的结果，除了常常可以因为信写得好或坏而影响到他的事务之外，并且还永远可以使他的教养、知识和能力比在会话里面受到更严格的检验。**他在会话里的一时的过误，那是多半只待说完之后就可以消灭的，所以还不至于受到严格的批评，比较容易脱逃人家的注意和谴责。

假如教育方法是朝向正当目标的，那么，写信本是一件必要的事，按说是不会被忽视的。因为用拉丁文作文与作诗是一件毫无用处的事情，尚且到处都在强加给儿童，使儿童在他们的力所不及的工作上面绞脑汁，使他们因为遭到不自然的困难而不能快快乐乐地在文字上面求进步。但是习惯这样注定了的事情，谁敢不服从呢？一个饱学的乡村学校教师〔他对于法内比（Farnaby）的“修辞学”上的一切借喻和辞藻全是非常精通的〕，他觉得教学生用英文漂亮地发表自己的思想并不是他的责任，甚至想都很少想到，哪怕学生的母亲（即使她是个没有学习过系统的逻辑和修辞学的没有受教育的人）也能比他教得更好，这时你却要他去教儿童用英文漂亮地发表自己的思想，岂不是一件极不合理的事情吗？

正确地写作与正确地说话，可以使人说话显得优雅，可以使别人注意他所要说的话。一个英国绅士常用的既然是英文，所以，他最应该培植的，最应该注意去修饰和改进他的文体的也应当是英文。一个人的拉丁文比英文说得好，或者写得好，也许因此可以成为大家谈话的资料，**但是在他自己说来，他与其因为具有一种极不重要的品质，得到别人的无谓的称誉，还不如能用自己时刻应用的本国文字好好地把自己的思想发表出来来得有用。我觉得这一点是举世都忽略了的，无论什么地方都没有留心去增进青年人的国语的能力，使他们能够彻底了解国语，掌握国语。我们中间如果有人国语比一般人熟练，比一般人纯洁，那是由于机会，由于他的天才或者由于别的事项之故，而不是由于他的教育，也不是因为得到了他的教师的照应的原故。**对于一个自己是在希腊文与拉丁文中教养起来的人说来，虽则他的拉丁文与希腊文的程度很肤浅，但是要他留心学生说的是什么英文，或者写的是什么英文，那是委屈了他的尊严的。拉丁文与希腊文是学者所学的文字，是只能够由有学问的人去与闻、去教授的，至于英文则是一般没有受过教育的村夫俗子的文字。虽则我们知道，我们有些邻邦并不觉得公众没有责任去提倡他们的本国语言，去对改进国语加以鼓励。他们觉得润饰与丰富他们的国语并不是一件小事，他们为它设立了大学，支付了薪俸，使大家野心勃勃地争着去把国语写正确。假如我们回头看看以前几个朝代的情形，我们就可以知道他们获得了什么结果，他们是怎样把最坏的一种文字流传到我们这个地方来的。罗马的伟人天天练习国语，我们从记载上也发现有些演说家的名字，他们也教皇帝的拉丁文，虽则拉丁文是他们的国语。

很明显，希腊人的国语更好。他们认为别的一切文字都是野蛮的，只有他们自己的不是，这个有学问而又精明的民族似乎从来没有研究过外国文字，或是看重过外国文字，虽则他们的学问和哲学无疑地是从外国学来的。

我并不是在这里反对希腊文和拉丁文，我觉得它们应该由每个绅士去研究，至少拉丁文应该被他们懂透彻。**但是一个青年无论学习什么外国文字（他越懂得多就越好），他所应该细致地研究，努力在发表自己的思想上面做到熟练、明白和优雅的境地的，还是他的本国文字。因此，他对于国语是应该天天练习的。**

自然哲学

190　自然哲学是一种思辨的科学，我觉得我们一点也没有，也许我有理由说，我们永远不能够把它变成一种科学。自然的工作是由一种智慧设计的，这个智慧和它发生作用的方法，远不是我们的能力所能发现或想像，使其成为一种科学的。自然哲学是一种关于事物本身的原则、本质和作用的知识。我觉得它有两个部分，一部分是关于精神及其本性与品质的，一部分是关于物体的。第一部分通常是指玄学，但是关于精神的研究，无论叫做什么名目，我觉得都应该在研究物质与物体以前去研究，不是把它当作一种可以制成系统，根据知识的原则去对待的科学，而是把它当作我们的心理的一种扩大，使我们对于理智与启示引导我们前去的智力世界得到一种更真切、更充分的理解。除了上帝与我们自己的心灵以外，我们对于其他精神的最明白和最大的发现都是上天以启示的方法给予我们的，所以，我觉得青年人关于它们的知识至少应该从那种启示得到。为了达到这个目的起见，我的结论是，最好写出一本良好的《圣经史》给青年人读。在这本历史里面，凡是宜于采用的东西便都按照时间的先后放进去，凡是只合于成人的东西就删掉，这样一来，一般滥读《圣经》所产生的混乱就可以避免。而且此外还有一种好处，就是常读的结果可以使儿童的心理具有对于精神的观念与信仰，他们在读这本历史的时候常常都得牵涉到精神方面，这就是研究物体的一种良好的准备。因为如果没有精神的观念，不承认有精神，我们这种哲学的一个主要部分就是残缺的，因为它遗漏了关于创造的最美好与最有力量的部分，没有去思考。

191　关于这本《圣经史》，我觉得最好能够作成一个简明的提要，把儿童到了能够阅读的时候就该精通的主要的与最本质的项目包括进去。这种办法虽然可以使他们早日具有一些关于精神的观念，但是这与我在以前所说的，儿童在年轻的时候不可受到关于精灵的观念的侵扰的说法并不矛盾。我说那层话的意思是说，照护儿童的女仆，以及其他接近儿童的人们，为了使儿童服从自己的命令，于是就去恐吓儿童，使得儿童的幼稚的心理很早就有种种关于精灵鬼怪的印象，这是不对的。他们一生一世，心理总是恐怖、畏惧、脆弱与迷信，这对他们常常是很不利的。他们日后出而问世，与人交接的时候，这种心理便会使他们感到厌倦和可耻。他们因为想要彻底根治这种毛病，想要丢掉这种重大的压迫，常把一切关于精神的思想都给丢掉了，跑到另外一个极端，一个更坏的极端。

192　我之所以主张这种研究应该放在研究物体之前，主张青年人在研究自然哲学以前，先得好好学会《圣经》上的经义，理由是，物质是我们一切感觉所经常地接触着的，它极容易在我们的心理上面先入为主，排斥物质以外的其他一切东西，根据这种原则而来的成见就常常不相信有精神，不相信还有非物质的东西“在大自然（in rerum natura）里面”。但是很明显地，单用物质与运动是不能够解释自然界中的任何伟大现象的，譬如普通的地心吸力问题，我觉得就不能够用任何物质的自然作用，或者任何运动的规律去解释，只能说是由于一个更高存在的绝对意志，要它这样去做。所以，关于诺阿（Noah）时代的洪水，我们如果要去加以完美的解释，我们便不能不承认那是自然常规之外的事，所以我主张我们不妨想想，看是不是假定上帝暂时把地心吸力的中心改变了（这是和地心吸力的本身一样容易了解的，也许一点点我们所不知道的原因就可以使它发生），这样解释诺阿的洪水要比一切假设都容易些。对于这种看法，我知道有一种重大的反对的说法，就是说这种原因只能产生一种局部的洪水。不过只要我们承认了地心吸力中心的改变，我们便不难想像神力把地心吸力的中心放在跟地心有相当距离的地方，使它在适当的时限以内绕着地球转，这样一来，洪水就是普遍全球的了。我觉得，这对于摩西所说的洪水中的一切现象，也比以往许多困难的假设容易解释。不过这里不是辩论这个问题的地方，我不过顺便提到，表示我们解释自然现象的时候，除了纯然的物质及其运动以外，还不能不仰仗别的方面。在这里，具有《圣经》上所说的精灵及其伟大能力的观念，便是一种合适的准备，到有更加合适的时机，就可以把这种假设加以更充分的说明，用它去解释《圣经》上所记载的洪水中的各个部分和对于洪水史的任何假定的困难了。

193 但是回到研究自然哲学的问题吧。世上关于自然哲学的学派虽则是很多的，但是我觉得没有一派能够当作一种科学去教给青年人，使他能像对于一切科学的期望一样，准能从中获得真理和确切的知识。我的意思并不是说他们全不必读。在现在这种注重学问的时代，一个绅士对于它们是必须懂得一些，好使自己适于交际的。不过他所学的，不能确定应该是最流行的笛卡儿（De Cartes）[①]学派，还是稍微懂得一点笛卡儿学派之外，应该使他再去学别的学派，我觉得阅读我们这里所有的自然哲学学派的目的是在懂得各种假设，明白各派所用的术语和说法，而不在于从此求得对于自然现象的广泛的、科学的和满意的知识。只有一点可说的，就是，现代微点论者（Corpuseularians）的说法，在大多数的事情上面都比逍遥学派容易了解，逍遥学派在微点论者以前是学校所信奉的。如果有人想再往后看看，想要明白古人的各种意见，他可以参看卡德渥斯博士（Dr. Cudworth）的 *Intellectual Sysetm*，这位博学的作者在这本书里面搜集了，并且解释了希腊哲学家的意见。他的精确性与判断力可以使你对于他们所根据的原则，各家主要不同的假说，在这本书里面比任何别的地方看得更明白。不过，我并不因为我们所有的或所能有的关于自然的知识都不能成为一种科学，便反对别人去研究自然。自然界中有许多事情是一个绅士所容易知道与必须知道的。同时，其中也另有许多事情是一个好奇者下过苦功之后可以得到愉快与利益的报答的。不过我觉得这种种事情都应该从那些自己做过合理的试验与观察的作家那里去获得，而不能从那些专务思辨的学派去得到。所以，波以耳先生（Mr. Boyle）的许多这类著作，和别些关于农艺、种植、园艺等类的作品，当一个绅士略微熟悉了一些流行中的自然哲学学派之后，对他都是合适的。

194 虽则我所遇到的各种物理学派很难鼓励我去从那些自命能够根据一般物质的基本原则给予我们一种自然哲学体系的任何论文

① 原文如此。——编者注

中，去获得多少确切的知识或科学，但是博大无伦的牛顿先生却告诉我们说，我们根据事实所证实的原则，把数学用到自然界的某些部分，我们是可以从此获得关于这个不可思议的宇宙的特定领域的知识的。牛顿在他的名著《自然哲学之数学原则》（*Philosophiae naturalis principia mathematica*）中，对于我们这个行星世界以及它的最重大的、可观察的现象，给了我们一个良好明晰的说明，假如别人对于自然界的别些部分，也能同样给我们一个良好明晰的说明，那么，我们对于这个伟大精深的机器的某些部分，便有希望得到比我们现在所期望的更多一些真实和确切的知识了。虽则世上具有懂得牛顿所论证的数学程度的人是极其稀少的，但是一般最精密的数学家既已考察过了他的论证，承认它们是对的，可见他的书是值得一读的。凡是想要了解我们这个太阳系上面的大块物质的运动、性质和运行的人，一定可以从此得到不少的启示和满足，只要小心地注意他的结论就够了，因为他的结论可以看做是已经证明了的命题。

希腊文

195　简单一句话，这就是我对于一个青年绅士的功课所想到的。不过我在这里面没有提到希腊文，大家也许要觉得奇怪，因为我们的学问的发源和基础都在希腊人那里。这我承认，并且我还可以补充一句，就是，一个不懂希腊文的人就不能算是一个学者。不过我在这里所想到的不是一个专门学者的教育，我所想到的只是一个绅士的教育，对他说来，人人承认拉丁文和法文是必要的。假如他到了成年的时候，自己还想继续研究，想探讨希腊的学术，他是很容易自己把希腊文学会的。假如他自己没有那种愿望，那么，由一个导师教他去学也徒然浪费精力，他费了时间，受了辛苦学来的东西，一旦获得自由之后，就会被他忽视，被他丢掉。因为，即以学者而论，他们在学校里面学来的希腊文，一百个人中间又有几个能够记得，更有几个能够把它提高到读起希腊作家的作品来纯熟自如，彻底懂得呢？

关于一个青年绅士的学习问题，现在可以告一结束了，他的导师应该记住，**他的工作不是要把世上可以知道的东西全都教给学生，而在使得学生爱好知识，尊重知识，在使学生采用正当的方法去求知，去改进他自己，当他有心去做的时候。**

关于语文问题，我可以极力依照作者的原意把一位贤明的作家的意见转告读者。他说：**“儿童是很少会因为过多的语文知识而负担不了的。语文知识对于各种身份的人都有用处，它们一视同仁地为他们开辟道路，使他们达到学问的极深处所，或使他们尝到学问的比较平易有趣的部分。假如这种烦难的学习略微推迟一点，那么，青年人不是没有决心学，便会没有毅力学下去。即使有人有毅力，但是，那时他的时间应该用到别的事情上了，再用来学语文是不方便的。那时他的年岁已大，不能再局限在文字的学习上了，他需要的是懂得事物。至少至少，这也是浪费了一个人一生一世最好最美的时间。这种语文上的良好基础是只能在一切事物都容易在心里印下深刻的印象的时候去奠定的。当记忆鲜明、迅捷与强健的时候，当一个人的头脑与心胸还没有顾虑、没有情欲、没有图谋的时候，由管束儿童的人充分运用他的权力，使他长久去用功。我相信世上之所以很少真有学问的人，大多数都是些徒有虚名的人，原因就是忽略了这层道理之故。”**（见 La Bruyere Moeuro，de ce Siéele，p. 577）

我觉得这位观察入微的绅士所说的语文宜于在幼年时候去学的说法，是人人都会同意的。不过做父母与导师的人应当考虑儿童究竟应学那种文字。因为必须承认，假如某种文字在他日后的生活里面用不着，或者从他的气质估计，知道他一旦到了成年，离开了导师的管束，一切可以任凭自己的意思的时候，他就会完全不再理会，把它忘掉。那么，他去学习那种文字就是白费精力，白费光阴，因为他到了一切可以任凭自己的意思的时候，他是不会匀出时间去培植那些学者所学的文字的，他除了日常必须使用，或者另有特别需要迫使他学的文字以外，他是不会再去理会别种文字的。

不过，为一般想做学者的人设想，我可以把这位作家补充的话补写出来。凡想真有学问的人应该考虑这些话，所以做导师的人宜于叮嘱学生，用这些话去指导日后的学习。

他说：“研究‘原本’是一件不怕主张太过的主张。这是研究一切学问的一条最简捷、最稳当、最如意的大路。事情要从源头上得来，不要间接去获得。大著作家的著作绝不可放置在一边，要去细细玩味，好好地记在心头，有了机会就要去引用。你要从它们的整个范围与全部情况去彻底地了解它们，你应该充分熟知原作者的原则，把那些原则贯串起来，然后再去作出你自己的推断。第一等的评注家就是这样的，你非达到这种境地不可停止。你不可看了那些借来的光辉就感到满足，除了自己的见解实在不对，到了彷徨歧途的时候，不可倚赖别人的见解做你自己的向导。他们的解释不是你的，它们是不会留住的。反之，你自己的观察便是你自己运用你的心思的产物，它们便能够留住，到了交谈、讨论和辩难的时候，它们便随时都在你的身边。除了不可克服的困难以外，你不可失掉读书不受阻碍的愉快。真是遇到不可克服的困难的时候，则评注家们也会停步不前，没有话说了。那些在别的地方显得学识丰富的评注家们，总爱在原文容易明晰的文字上面夸耀自己的才华，他们在没有必要的地方，总是卖弄多嘴，不怕辛苦的。你要完全按照这种办法去做你的学问，要知道一般书呆子之所以爱去塞满而不充实他们的书库，所以爱去把良好的作家埋没在大堆大堆的评释下面，全是由于懒惰之故，你可以知道，在这里，懒惰是自己害了自己，违反了自己的利益，原来想要少读少问，少受辛苦的，现在这样一来，反而必须多读多问，多受辛苦了。”（见 La Bruyere Moeuro，de ce Sieele，p. 622）

方　法

这节话看起来虽则好像讲的只是直接的学者，但是对于他们的教育和研究的正当安排极关重要，所以我希望大家不会怪我把它插在这里。尤其大家要想想，它对于绅士们也有用处，如果他们无论什么时候想在任何学问上面做点深入的功夫，使自己得到一种坚实的、满意的和充分的见解的时候，它也是有用的。

次序与恒心据说是使得两个人发生重大分别的原因。我相信这是对的，没有什么东西比良好的方法更能为学者清除道路，帮助他前进，使他在做任何学问的时候做得这样容易，走得这样深远。他的教师应该努力使他明白这层道理，应该使他习于遵守次序，应该教导他，使他在运用思想的时候，要有方法。应该告诉他，方法在哪里，有什么好处。应该使他熟知各种方法，要知道从一般到特殊的方法，也要知道从特殊到比较一般的方法。应该使他在这两种方法上面都得到练习，使他看得出，在某种情形之下最宜于利用某种方法，看它最宜于用去达到哪种目的。

在历史方面，主导的应该是时间的次序，在哲学研究方面，主导的应该是自然的次序，在一切进展中，自然的次序是从当时所处的地点向外推进。在心理方面也是一样，应该从心理所已具有的知识入手，进而探求那些与它相邻相关的知识，这样推演下去，使它从事物的最简单、最单纯的可分的部分去达到它的目的。对于这个目的说来，如果能使学生对于心理能够找出任何真实区别的地方，能够习于好好地加以辨别，也就是习于具有明晰的观念，这对于他是很有用的。不过，凡是他没有明晰的各别的清楚观念的地方，他就应该小心地避免从术语上去辨别。

196　除了从研究与书本去获得的东西以外，还有别种成就是一个绅士所必需的，那些成就是要从练习去获得的，而且应该有时间去学，有教师去教。

跳　舞

跳舞是可以使得一个人终生终世具有一种优雅的动作的，而且它还能够使得儿童具有一种丈夫气概和一种合适的自信力，我觉得他们一旦到了年岁与力气足够的时候，他们就应该学跳舞，不怕学得太早。不过你应物色一个良好的教师，他应知道什么是优雅与合适的，要知道怎样才能使得身体的一切动作显得自由而又安逸，并且能够教导别人去做到这种地步。凡是不能把这些教给别人的人，就不如根本没有的好。**天生的不**

优雅的态度比矫揉造作的姿态好得多。 我觉得一个人脱帽与退步致敬的态度，与其照一个不优雅的跳舞教师的样子去做，倒不如就照一个诚笃的乡绅的样子来得好。因为对于舞姿，我认为没有多少关系，甚至完全无关，我所注重的只是舞姿所产生的优雅的态度。

音　乐

197　音乐与跳舞有相当关系，一个乐器玩得好的人，人人都很看重。不过青年人因为要在音乐上学到一点技能，往往浪费了许多时间。他往往因此混到一些古怪的朋友中间，这种朋友很多人都觉得是不要的好。我在那些有才有识的人物中间就很少听到有人是因为音乐好而得到别人的称誉或尊重的，所以我觉得在一切成就之中，音乐是最末的一位。人生是很短促的，我们不能件件事情都学会，我们的心理也不能够永远注意到要学的事物上面。我们的脆弱的精神与身体都要我们常常得到舒畅。**凡是一个善于利用生活的任何部分的人，他就应把一大部分时间用在娱乐上面。** 至少，青年人是不能不有娱乐的，除非你要急促地使他们变衰老，使他们出乎你的希望之外，早早死亡，或者早早再去投生。所以，**我觉得他们花费时间与劳苦去学习的正经事情应该是那些最有用处、最有结果的事物，而且应该采用可以得到的最容易最简捷的方法去学习。我在以前就说过，把身体上与精神上的训练相互变成一种娱乐，说不定就是教育上的最大秘诀之一。** 我相信，只要有一个能够仔细考察学生的气质与倾向的小心谨慎的人，这是不难做到的。因为一个人读书读倦了，或是跳舞跳累了，他并不需要立刻就去睡，他所需要的是另外做点别的可以消遣，可以得到快乐的事情。但是永远要记住，凡是做来没有快乐的事情就不能够叫做娱乐。

198　击剑与骑马被看成教养的必要部门，不去提到它们，会被认为一件重大的遗漏。骑马多半只有在大都市里面才能学习，它在安逸与奢侈的都市里面是一件对于健康最有利的运动。因此，一个青年绅士住在都市里的时候，他是宜于骑马的。此外，骑马又能使人在马上习得镇静与优雅，使他能够叫马止步、转弯，而且使他能够让马卧倒，这对于一个绅士在平时与战时都是有用的。不过骑马究竟是不是十分重要，值得当作一件工作，值得他在为了增进健康而在适当的间隔之后去做这种激烈的运动以外，再去多费时间，我想可以由做父母与导师的人斟酌决定。他们最好要记得，**在全部教育上面，大部分的时间与努力都应该花在日后在青年人的日常生活里面最有结果、最常利用的事情上面。**

击　剑

199　至于击剑，我觉得对于健康说来，是一种很好的运动，但是对于生命是很危险的。凡是自己觉得击剑击得好，有了自信力的人是会爱去和人争吵的。这种想法使他们一旦遇到名誉攸关的事项，或是别人稍微惹了他们一下，甚至完全没有惹他们的时候常常暴躁得超过必要的限度。青年人热血沸腾，他们觉得若是不去决斗，表示一下自己的技能和勇敢，击剑就白学了。他们似乎也有他们的理由。但是这种理由却不知道产生了多少可悲的悲剧，这是许多母亲的眼泪可以作证的。一个不会击剑的人就会比较小心地避免和暴汉与赌徒们在一道，他也就不会像经常引起争吵的情形一样，那样拘泥细节，那样冒犯别人，那样冒犯之后又再暴怒地自圆其说了。一个人到了决斗场上，一点点击剑的技能是不独不会使他避免，而且反而会使他尝到敌人的剑锋的。一个勇敢而完全不会击剑的人，他当然会尽力一次刺杀过去，不会闪开对方的，他比一个平庸的击剑家占便宜，倘若他会扑击，那就更是如此。所以，如果为了预防这种意外，为使儿子有准备，能决斗，我就宁愿我的儿子成为一个良好的扑击家，不希望他成为一个普通的击剑家，一个绅士是至多只能成为一个普通的击剑家的，除非他天天到击剑学校去做击剑的练习。不过，击剑与骑马既然被认为是一个绅士的教养所必备的，要使任何绅士完全不去具备这种特色当然是很困难的。所以我打算把这个问题留给做父亲的人去考虑，看就他的儿子的气质和日后可能的地位而论，是不是可以让他去适应这种风气，或是鼓励他去适应。这种风气在一般生活中关系是很少的，就是最好战斗的民族，过去也并不知道它，接受这种风气的人也不能因此增加多少力量与勇气。除非我们认定决斗时击剑可以增进人们的勇武方面的能耐，不过我觉得决斗将来是会归于消灭的。

200 以上种种，就是我对于学习与成就的意见。**一切的重大责任是德行与智慧。**

“有智慧，就有神性。”（nullum numen abest，si sit prudentia）

你应该教导他，使他能够控制自己的爱好，使爱好服从理智的指导。一旦这点能做到，并且经常加以练习，成为习惯之后，事情的最困难的一部分就过去了。要使一个青年人做到这一点，我觉得没有什么东西比爱好称誉的作用更大，所以应当用尽一切想像得到的方法，把这种爱好称誉的心思灌输到他的心里。你应该尽量使他的心理能感到名誉与羞辱。一旦你做到了这一点，你就在他的心里树立了一个原则，当你不在他的身边的时候，它就可以影响到他的行为，那不是畏惧教鞭的鞭打所可比拟的，那才是一个合适的基干，日后可以在它上面接上道德与宗教的真正原则的接穗。

旅　行

201 我还有一件事情要补充，一旦说出以后，我会遭到被人怀疑的危险，以为我忘却了自己目前讨论的是什么事情，并且忘记了以前所说的关于教育的话全是关于一个绅士的，它与技艺是全不相容的。但是我不能不说，我希望一个绅士也要学习一种技艺，一种手工的技艺，不止一种，应该学两三种，不过要特别注重一种而已。

202 **儿童喜爱忙忙碌碌，对儿童的这种爱好，永远应该加以指导，使他们去做有益于他们自己的事情。**他们这样做有两种好处：第一种好处是从练习得来的技巧的本身就是值得获得的。这不仅是指文字与学者所学的科学中的技能，其他图画、车工、园艺、淬火与铁工等等有用的技能都是值得获得的。第二种利益是练习的本身，无须任何考虑，对于健康也是必需的或有益的。对儿童来说，有些知识是必须知道的，所以那些知识尽管对于他们的健康完全没有好处，但是他们还要花点时间去在那些事情上面求得进步。比如读书、写字以及其他种种培植心灵的静坐的功课，一个绅士从小就不能不为它们花费一大部分的时间。至于其他手工技艺，则是从劳动获得的，要通过劳动去加以练习，其中有许多不但能从练习增进我们的技巧，而且也能够促进我们的健康，尤其是那些需要我们在户外去做的事情是如此。所以，在这种技艺上面，健康与进步是可以合二为一的。一个以书本与学习为主要工作的人，应该从中选择一些合适的技艺当作他的娱乐。选择的时候，要顾到他的年龄与爱好，而且绝对不可勉强他去做。因为命令与强迫永远可以使他发生憎恶的心思，可是不能医治他的憎恶的心思。一个人对于任何被人强迫去做的事情，一旦有了离开的机会，他立刻就会离开，做的时候也得不到多少利益，更得不到娱乐。

图　画

203　在各种技艺中，图画若不是有一两种不易解决的反对意见，我是最喜欢画家的。第一，画得不好的图画便是世上最坏的东西，但是要画得相当可观又太花费一个人的时间了。假如他的天性是爱好画图的，他便会有因此忽视其他一切更加有用的学问的危险。假如他的天性并不爱好图画，则因此所花的一切时间、辛苦与金钱又完全是白费。此外我还有一个不赞成绅士画画的理由，就是，图画是一种静坐的娱乐，它运用精神的成分多而运用身体的成分少。我认为一个绅士的更加正经的工作是读书，读到需要宽舒的时候，就应该运用身体，使他的精神舒畅一下，借以增进他的健康与力量。因为这两个理由，所以我不赞成图画。

园艺·细木工

204　第二，为一个乡下的绅士设想，我主张下面这两种技艺之一，最好是两种都学，就是园艺或一般农艺与木工，如同木匠、细木工或车工之类，这种种工作对于一个读书或做事的人是一种合适而又健康的娱乐。因为心理不能永远用在同一件事情或同一个方法上面，同时，静坐或读书的人又正需要一种运动，它要一方面能使他们的精神解闷，另一方面要能运用他们的身体。我觉得对于一个乡下的绅士，这两种技艺真是再好不过的了。其中木工一种可以在天气不好或者季候不宜，不合他去做园艺的时候，给他供给运动的机会。除此以外，他学会了园艺以后，他就能够管理并且教导他的园丁；学会了木工，他就能够设计并且制造许多有趣有用的东西。虽则我并不把这些看做要他劳动的主要目的，而只是当作一种引诱他去劳动的引诱物而已。我的主要目的**是在使他利用一种有用的和健康的体力运动，去从别种比较正经的思想和工作中得到消遣而已。**

205　古代的伟人是很懂得利用体力劳动去调节国家大事的，他们觉得用体力劳动作为国家大事以后的娱乐，对于他们的尊严并没有损伤。他们的闲暇的时候最通用的消遣方法似乎是农业。犹太人中的基甸翁（Gideon）是在打谷的时候被人请出来的，罗马人中的星星内塔斯（Cincinnatus）是从犁田的时候叫出来去指挥军队，抵抗他们的敌人的。很明显，他们虽然善于运用连枷与犁耙，会用这种工具，可是对于他们的军事技巧并没有妨碍，也没有使得他们因此在战争或政治的技巧上面就变得不能干了。他们一方面是伟大的将领与政治家，另一方面又是务农的农人。老加图（Cato Major）在罗马共和政府担任过所有的大官职，名声极好，他就亲手留下了证据，告诉我们，他对于乡村的事情何等地精通。我还记得，赛拉斯（Cyrus）也认为园艺并无伤于皇帝的尊严，所以他曾把自己亲自种植的一大片果树指示给塞诺封（Xenophon）过。假如提倡有益的娱乐要举例的话，在古代的记载中，犹太与异邦人中这种例子真是多极了。

娱　乐

206　大家不要因为我把这种种事情或其他类似的手艺练习叫做消遣或娱乐，就以为我弄错了。**因为娱乐并不是懒惰**（这是人人都可以看得出来的），**娱乐是换种工作，把疲倦了的部分舒畅一下的意思。**凡是认为消遣不是困难与辛勤劳动的人，他便是忘记了猎人的早起、苦骑、受热、受凉、受饿种种情形，但是打猎是被看做最伟大的人物所常用的娱乐的。掘土、种植、接木，以及诸如此类的有益的工作，只要大家喜欢它们，它们之能作为一种消遣是不在任何时髦的懒惰的游戏之下的，任何人对于一种技艺有了习惯与技能就会很快地喜欢它的。我相信有些人因为别人的邀约，不便拒绝，时时去打牌，或者去做别种游戏。他们对于那种种娱乐，一定比对于生活中任何最正经的事情更要感到厌倦，虽则他们对于那种游戏天性本不憎恶，有时也想玩玩消遣。

207　游戏是耗费一般有地位的人的时间的事情，尤其是妇女们耗费得多，我觉得这就是一个明显的例子，**表示人类是不能够完全懒惰不做事的。他们总得找点事情做做**，否则实际做起来烦恼多、快乐少的事情，他们为什么能够接连地坐许多小时去苦干呢？凡是赌博之后，事后再去回想的人，赌博一定不能使他们得到满足，并且它也不能使身体或精神得到任何好处。至于说到他们的财产，假如他们过于关切它，那么，赌博便成了一种生意，不是一种娱乐了。凡是稍有资生之具的人，是很少有从赌博中间获得财富的。即使一个赌徒因此获得了财富，充其量他也不过是做一种可怜的生意，牺牲了名誉，换得囊中丰满而已。

凡是不耽误工作，没有在职务上感到疲乏的人，娱乐是没有他们的份的。娱乐的时候，娱乐应该能使使用疲倦了的部分得到舒畅，重新振作起来，同时还应做出一些除了目前的快乐与安适以外日后还有好处的事情。现在社会上之所以流行着种种无益的、危险的（所谓）消遣，使人相信学习或是参与任何有益的事情不是适宜于一个绅士的消遣，这全是那种想要表示自己的伟大和富有的虚荣心与骄傲感在作祟。这就是世上流行着打牌，掷骰与酗酒的原因。许多人把闲暇的时间在这种种事情上面浪费掉，为的只是顺从习俗，缺乏别种比较良好的消闲的办法，并不是真正觉得里面有什么快乐。**他们忍不住闲暇时候的沉重压迫，忍不住一点事情不做的难受**，同时他们又从来没有学习过任何值得赞美的手艺，去使自己得到消遣，于是只好去找这种种愚蠢的或者不良的办法，去消磨他们的时间，这是一个有理性的人，在他没有被习俗所毁坏以前是很难从中得到任何乐趣的。

技　艺

208　我说这层话的意思，并不是说，我绝对不许一个青年绅士得到在他的同年岁同境况的青年中流行着的清白无害的消遣。我决不希望他变成这样一个严酷愁苦的人。我希望他对于与他交接的人们的欢娱与快乐，特别放随和一点，凡是他们希望于他的事，只要合于一个绅士与一个诚笃的人的身份，他都不要憎恶与生气。虽则关于打牌与骰子，我觉得最安全、最好的方法是根本不使他去学着玩，使他不受那种危险的引诱，浪费有用的时间。不过闲暇的欢乐的谈天，和一切流行中的合适娱乐，那是可以允许的。我觉得一个青年人做了正经的与主要的工作以外，他是还有充分的时间去学习任何技艺的。人们之所以没有学会一件以上的技艺，**原因是不去努力，不是没有闲暇。**一个人只要一天花上一小时的工夫去做这种消遣，持续不断，他很快就可以出乎他的想像之外，获得很大的进步。这种办法即使并没有别种好处，即使只能用来排除一般邪恶的、无用的和危险的消遣于时髦之外，使大家知道它们并不是必需的，它就是值得提倡的了。假如成人们从年轻的时候起，就能革除那种闲荡的习气，不照某些人的样子，因为习俗之故，便把他们的大部分生活无益地浪费，既不做工作，也没有娱乐。那么，他们是有充分的时间去获得成百样技巧的，那些技巧即使与他们的职业没有关系，但是它们是决不会妨碍他们的职业的。由于这层理由以及以前所说的种种理由，**我认为怠惰的、懒洋洋的、一天到晚做梦过日子的脾气是最不可放任的，是最不能够容许青年人的。**这是一个生病的、不健康的人的状况，此外无论什么年岁或境况的人都不应有。

209　除了以上所说的种种技能以外，还可以加上薰香、油饰、雕刻以及某几种铁工、铜工和银工。假如他像大多数的青年绅士一样，大部分时间是在大都市里面消耗的，他还可以学习刻板、琢磨、安配宝石或者琢磨光学玻璃。在这许许多多精巧的手艺之中，他决不会找不出一种心爱的手艺，除非他懒惰，或是堕落了，这在正当的教育方法下是不会有的。他不能一天到晚学习、读书与谈话，所以除了运动所需的时间以外，他一定还有许多空余的时间，如果不去这样消磨，他便会用较坏的方法去消磨。因为我可以下个结论，**一个青年人是很少愿意完全安静地闲着或偷懒的。如果他愿意完全安静地闲着或偷懒，那就是一种必须加以改正的错误。**

210 但是，如果他的父母弄错了，被工匠和技艺两个可羞的名目吓住了，对于他们的孩子所做的这种种事情产生了憎恶的心思，那么，此外还有一件与技艺有关的事项，假如他们肯去想想，他们就会觉得他们的儿子是绝对必须学习那件事情的。

商业算学

商业算学虽则是一种不能帮助一个绅士去获得财富的科学，但是以帮助他去保持原有的财富而论，那是没有一件事情能够赶得上它的用处和效率的。凡是收支记了账目，因此随时明白家务状况的人，很少听说有家务被败坏的。我相信有许多人因为没有注意到这一点，或是没有这种技能，常常欠上了账自己才知道，或者欠了之后还加欠。所以我奉劝一切绅士们要去彻底学会商业算学，不要以为它的名目是从商人得来的，用的也多半是商人，便以为不是他们应学的技能。

211 一旦我的少主人学会了记账的技能以后（这个与其说是算术的事，还不如说是理智的事），他的父亲不妨从此以后就叫他把他的一切事项全都记载下来。我的意思并不是要他把花费了钱的每一品脱酒或游戏全都记下，只要有了用费的一般名目就很够了。我的意思也并不是要他的父亲去严格地稽核这种账目，去寻找指摘他的用途的机会。他应该记得，他自己也是做过青年的，他不可忘记自己做青年时的思想，他也不可忘记他的儿子应有产生那些同样思想的权利，他应该容忍他们。所以，假如我主张一个青年绅士要记账，我的目的并不是借此去稽核他的用途（因为父亲许可了他的事情，他便应该完全自己做主），我的目的只是要使他及早习惯记账，及早把账记得纯熟、习惯，因为这对于他是很有用的，必需的，一生一世应该经常实行。有一个高贵的威尼斯人，他的儿子看惯了父亲的丰厚的财产，后来他发现儿子的用度极大，极奢侈。于是他便吩咐账房，说以后他的儿子取钱的时候，必须叫他数数，给他的数目不可多过他所数的数目。这种办法大家也许觉得对于一个青年绅士的用费并不是一种什么重大的约束。因为他说得出多少钱的数目他便可以自由得到多少钱。但是在一个只知道寻求快乐的人看起来，这就是一宗很大的麻烦了，最后就终于产生了下面这段严肃的有益的回想：我只要数一数想花的钱都觉得这么麻烦，然则我的祖先不独要数这些钱，而且还要设法去得到这些钱，他们该是何等地费力受累呢？这种理性的思想是他受了这一点点小苦以后所引起的，对于他的心理影响很大，他便因此知道努力，从此以后便变成了一个节俭的人。至少人人都得承认，**一个人用钱要有节制，最好是记下一份有规则的账，以便随时看得清自己的财务情况。**

旅　行

212　教育上普通最后的一部分是旅行，大家通常都觉得旅行之后事情便完了，一个绅士就完成了。**我承认到国外去旅行是有很大的益处的**，不过我觉得普通派遣青年人出国旅行的时间是最不能够使他们得到那种种好处的。旅行的主要好处可以归纳成两类：第一是语文；第二是看多了人，交接惯了各种各色的人，知道了他们的性情、习俗和生活方式各不相同，尤其是和自己所在的教区和邻近的人迥不相同，他便可以在智慧与审慎上面获得长进。但是普通出国旅行是在16岁到21岁，那时正是人生中最难获得这种种长进的时候。我觉得要去学习外国文字，要去学到它们的正确发音，第一个时机是从7岁到14或16岁，那个时候有导师一道是有益的，是必需的，因为导师可以用那种外国文字去教给他别的事情。但是当他们自以为是成人了，不应该再受别人的管束了，同时自己的持重与经验又不够管束自己的时候，叫他们在一个导师的领导之下，远离父母，这岂不是等于在他们的自卫力最薄弱的时候，把他们放到人生中一切最大的危险跟前吗？他们在那种热血沸腾的期间以前，我们可以希望导师有些权威。他们在十五六岁以前，年龄不大，不会执拗，同时别人的引诱或榜样也都不会使他们脱离导师的领导。可是一到十五六岁之后，他便乐于和成人来往了，他以为自己也是一个成人了。他对于许多邪恶的事情也喜爱了，也以此自傲了，觉得再受别人管束与领导是一种耻辱。那时做导师的人既没有力量去强迫他们的学生，而学生也没有听从他的心情。相反地，他有的是热血与时髦的支使，要他听从那些与自己一样聪明的同伴的引诱，不听导师的告诫，他把导师看成了他的自由的仇敌，那么他的导师即使是个极度小心谨慎的人物，又有什么办法呢？人在什么时候会像他在这种又粗野、又不受羁勒的时候一样容易走入歧途呢？这个时期是他一生一世中最应该由父母与朋友去看顾与管束的。人生在此以前，性情驯良，还不执拗，所以比较容易管束，比较安全。过此以往，则理智与远见已经开始发展，可以使人留心自己的安全与长进了。所以我觉得，**派遣青年绅士出国旅行的时期，最好是在年纪较轻，易受导师管束的时候；或者年岁较长，无需导师的时候**，那时他的年岁已够管束自己，在外国看见了值得注意的事物，他就可以留心观察，在他回国以后，对他就有用处。同时，他事先彻底熟悉了本国的法律与风气，本国固有的道德的长处与短处，他就有了材料和国外的人士去交流，从他们的交往中去获得一些知识上的成就。

213（缺）

214　我觉得许许多多青年绅士之所以回国以后绝少进步，原因就是没有按照这种办法去安排旅行的缘故。他们即使带回了一点点关于到过的地方的风土人情的知识，那也常常只是羡慕他们在国外所见的最恶劣、最肤浅的事情而已。他们所爱好的和记住的只是自己第一次得到自由以后的事物，而不是回国以后可以使得自己变好变聪明的东西。本来，像这种年纪的人出国旅行，还要别人照顾，由照顾的人替他们预备一切必需的事物，替他们去观察，那么除此以外还能有什么别的结果呢？他们有了教师做庇护，做口实，觉得一切不必自己担当，自己的行为自己不必负责，他们对于一切事情便很难自己找麻烦去探索，或者自己去做有益的观察了。他们的思想所追求的是游戏与快乐，他们觉得这就是少被管束的一种表示。他们很少有不怕麻烦，去对于所遇的人们的图谋加以考察，去观察对方的说辞，考虑对方的技巧、气质和爱好，使自己知道怎样去对付他们的。在这里，陪伴他们旅行的人应给他们掩护，当他们陷入了荆棘丛中的时候，要帮助他们自拔出来，对于他们的一切不良行为要负起责任。

215 我承认，知人是一种很大的技巧，我们不能希望青年人立刻完全具有这种技巧。不过，假如旅行不能使他时而张开眼睛看看，不能使他小心谨慎，不能使他习于考察外表之后的内容，不能使他用亲切有礼的态度保卫自己，去与形形色色的生人交往、显得安闲自在，而又不致丧失别人的良好的意见，那么，他出国旅行就很少用处了。一个到了成人的年龄，具有成人的思想，想使自己得到长进的人出国旅行，他到那里都可以和当地的上流人士去交际，弄熟悉。这虽是一个绅士能从旅行中得到的最大益处，但是我要请问，像我们这种由导师领导出去旅行的青年，他们一百个人里面有几个拜访过这种上流人士呢？至于和这种人士弄熟悉，从他们的谈话去学习那个国家的良好礼仪，看看里面有什么值得遵守的事情没有，那就更谈不到了。虽则从这种人士方面，一个人一天所能学到的比从一个旅馆闲荡到另一个旅馆闲荡一年还要多。本来这也不足为奇，德高望重的人是不轻易接近尚需导师照料的孩子们的。虽则一个具有成人风度的青年绅士和异乡客人，愿意知道当地的习俗、礼仪、法律、政治，他也到处可以得到最优秀最有才识的人帮助他，欢迎他，这种人对于一个明敏好问的外国人总是愿意接待、鼓励和假以词色的。

216 我觉得，这种道理无论怎样真实，但是习俗是要他们在人生期中的最不好的时候去旅行的，为的并不是他们的长进，要把这种习俗改正过来恐怕是办不到的。青年人不能在 8 岁或 10 岁的时候冒险去出国，怕的是在脆弱的孩子身上会发生什么事情，虽则那时候的危险实际比 16 岁或 18 岁的时候小十倍。他也不能够留在国内，等过那个危险执拗的年岁，因为他必须在 21 岁的时候回国，以便结婚生孩子。**做父亲的等不及了，要分遗产，做母亲的也等不及了，要再得一批婴儿玩玩。于是我的少主人不管怎样，一旦到了年岁，便得找个太太。虽然为**

他的健康、才能或后裔着想，他并不妨推迟一点，不妨在年岁与学识方面都站在儿子前面一点，因为普通父子之间的距离相隔太近，那是对于做父亲与做儿子的人都不大好的。但是青年绅士到了结婚的时候，便得交给他的太太啊。

结　论

217　我对于教育所想到的意见，现在虽然要告一结束了，不过我不愿意大家以为我把这点文字看成是一篇讨论这个题目的恰切论文。教育上需要考虑的事情还多得很。尤其是当你想到儿童的各种不同气质、爱好、过失，要去给以合适的医治的时候是如此。事情太多了，要一本书才写得完，其实一本书也还不够。**每个人的心理都与他的面孔一样，各有一些特色，能使他与别人区别开来。两个儿童很少有能用完全相同的方法去教导的。**除此以外，我觉得一个王子、一个贵族和一个普通绅士儿子的教养方法，也应当有区别。但是我在这里所提到的只是对于教育的主要目标和绅士子弟教育的一般看法，他的儿子那时候年岁很小，**我只把他看成是一张白纸或一块蜡，是可以随心所欲地做成什么式样的。**我所提到的差不多全是这种青年绅士的教养所必需的项目。我现在把这些偶然想到的写出来，刊印出来。虽然这决不是一篇完善的教育论文，它也不能使得每个人从这里获得恰恰合于他的儿子的方法，但是假如有些爱护自己的小宝宝的人士，格外地有勇气，关于孩子的教育问题，敢于问问自己的理性的意见，不去一味服从古老的习俗，我希望这篇文字对于他们能够有些启发。

附　录

洛克和他的《教育漫话》

洛克的全名是约翰·洛克（John Locke），是有名的英国资产阶级思想家和教育家，1632 年出生于一个小地主家庭，父亲是一个严格的清教徒，内战中站在议会一边。他们父子关系极好，父亲对他的政治态度和教育思想很有影响。1644 年他入韦士敏士特学校受中学教育，那里的经院主义教育使他十分反感。他在《教育漫话》中反对机械地学习、反对靠文法学语文，就出自他的切身体验。1659 年入剑桥大学攻读哲学、自然科学，深受培根和笛卡儿著作的影响，一度爱好化学和气象学实验。他喜神学，因无真正的职业性神职机会，转而习医，打算以医为业。1661 年毕业后留校任教。1667 年，结识了反对国王的辉格党领袖沙夫茨伯里伯爵阿什利。两人均醉心于世俗的、宗教的和哲学的自由，交谊很深。他担任了伯爵的心腹秘书和家庭教师。1675 年，由于伯爵失势，他又健康不佳，因而不得不退出英国政治舞台前往法国，住了三年，结识了一些科学家和文人学者。1683 年，随伯爵前往向往自由而被放逐者视为庇护所的荷兰政治避难。1688 年，革命以资产阶级和封建贵族之间的妥协而告终，英国建立了君主立宪政体。次年，洛克回国，并几次担任政府要职。晚年在佛兰西斯·马沙姆爵士家度过，1704 年逝世。他生活在英国资产阶级革命的年代。恩格斯在《致康·施米特》信中评价他“是 1688 年资产阶级妥协的产儿”。

洛克的著作有《文官论》（1660）、《论自然的法则》（1663）、《论宽容》(1667)、《政府论》(1689)、《人类理解论》(1690)、《教育漫话》(1693)、《论基督教的合理性》(1695)、《关于理解的指导》(1706)、《自然哲学基础》。此外，他还为工业和殖民地事务委员会拟订了一份《工作学校草案》。

洛克的哲学观点有唯物和唯心两重性。他着重研究了认识论。他在他的《人类理解论》第一卷中探讨了观念起源问题。他认为，观念和原则同艺术和科学一样，不是天赋的。心灵原像一块白板入一个暗室、一个空箱，或像一张白纸，其中没有任何字样、任何观念。它的装备和知识材料来自经验。人类的知识都建立在经验之上，发源于经验。人类的观念来源首先是感觉，此外还有反省。人类理解首要的机能是心灵能接受所感受的印象，这是外在的对象通过感官所造成的。或它本身反省那些印象时所造成的。他是一个唯物主义的感觉论者，又是一个感觉论的二元论者。

洛克的政治态度完全是站在新兴资产阶级一边的。从他追随反封建王权的辉格党领袖并随其避难到荷兰，从他在英国建立君主立宪政体以及多次任职政府，从他在他的《工作学校草案》中主张三岁以上的贫苦儿童即应参加学徒劳动，自食其力，并当忍受剥削，都鲜明地说明他的新兴资产阶级政客立场，但又是歧视劳动人民的。

洛克的教育思想除散见于《人类理解论》和《工作学校草案》以外，集中在他的《教育漫话》(*Some Thoughts Concerning Education*)一书中。他的教育思想主流是进步的，但也有反人民的因素，他提出的许多具体措施有很多正确的可供参考的地方，但也有不正确的成分。概括为以下各点是值得注意的。

一、他对教育的力量怀有极大的信心。他认为人们“之所以或好或坏，或有用或无用，十分之九都是他们的教育所决定的。人类之所以千差万别，便是由于教育之故”。他差一点成了个教育万能论者。但他又认为“我们不应该希望完全改变儿童的本性。……稍微改变一点点是可以的，但很难把它们完全改成一个相反的样子”。这才又给教育的力量加上了一点制约。

二、他十分重视早期教育的关键作用。一是因为儿童少小时的可塑性最大。二是因为幼小时的印象“都有极重大极长远的影响”。像水源一样，稍加引导，“便可以把它导入他途，使河流的方向根本改变”。因此，越是早期教育越要谨慎从事，因为教育上的错误“像配错了药一样”，第一次错了，以后就难补救了。

三、他替资产阶级贵族设计的教育是一种延师课子的家庭教育方式。理由是父母应当负起教育子女的责任，可以避免学校同学的腐蚀，导师个别教育的效果大于学校教师集体教育学生。用这种方式教育后代是有钱人的优越感和残余手工业生产方式的反映。这种个别教育的办法尽管教学效果自然会大一些，其实已经不适应工业革命后大生产的形势了。

四、他正式确认他设计的这种教育叫做绅士教育，是为资产阶级贵族子弟设计的，以别于为穷人即劳动人民子弟设计的工作学校，那样肯定剥削童工的合理性的教育适成对照。这是他维护资产阶级统治、主张剥夺穷人子弟受教育权的资产阶级反人民的教育思想的鲜明表现。

五、他像其他资产阶级教育思想家一样，主张身心和谐发展。他在书中分别谈了体育、德育和智育三个方面，以适应资产阶级管理企业全才的需要。

六、他把体育放在首位，作为一个攻研过医学的人，他实质是在谈健康教育。他提出了“健康之精神寓于健康之身体”的有名号召，这是很有远见的。因为身体健康是精神健康之本，也是人生幸福和事业成功之本。他提出的具体要求是：儿童要多过户外生活，接受空气、日光和水的锻炼；生活要有规律；饮食要清淡；睡眠要充分，睡硬板床，要早起；衣着要适体；药物要少用，要多运动，等等。但他又主张用餐“最好不必在一定的时刻”，主张“最好不让他们看见”、不吃“某些水果”，主张“在三四岁以前完全禁止肉食”，早晨不可吃得太饱。他强调儿童应该习于吃苦耐劳，善于克制自己的欲望，父母对他们不可娇生惯养；强调要给他们以原则性的指导，使他们在生活上养成良好的习惯。

七、他随即用了较多的篇幅转入德育问题，他认为“教育上难于做到而又具有价值的一部分目标是德行。……惟有德行才是真实的善……德行愈高的人，其他一切成就的获得也愈容易”。在这方面，他重视培养儿童克制自己的欲望和纯粹顺从理性所认为最好的指导的能力，反对溺爱或纵容；重视从小养成儿童的良好习惯，以免难于纠正。从小使儿童畏惧和服从父母，树立父亲的威信，一俟年龄渐大“便愈当假以词色”，使其小时候成为“顺从的臣仆，长大了成为亲昵的朋友”，而不可相反。重视惩罚问题，认为严酷的惩罚“在教育上的害处很大”，尤其鞭打，更为有害，它使儿童更好做不该做的事情，更不喜欢他们应做的事情，“这种奴隶式的管教，其所养成的也是一种奴隶式的脾气”。即使不能不偶一采用，也当重在养成儿童的羞耻之心，而不在使儿童害怕痛苦。重视奖励问题，认为不可用奖品去取得儿童的欢心，不可把奖励作为鼓励儿童去做某些该做的事情的条件，而应以培养他们的荣誉心为指归。重视利用儿童的兴致，把儿童应做的事也都变成一种游戏似的，这样去诱导他们，不能靠规则，要靠练习。重视使儿童心地里有礼貌，而不必过早计较举止上的礼貌，要避免不良伴侣的污染和注意榜样的作用。但他又认为礼仪与懂得人情世故之所以重要，乃是可以为其“获得一切与他接近的人的尊重和好感”，“儿童获得了这种美德，日后所得的好处是很大的，他凭着这一点点成就，门路就可以更宽，朋友就可以更多，在这世上的造诣就可以更高”。这是一套资产阶级的处世哲学，是它的接班人所必备的。他重视择师问题，认为家长不可吝惜金钱，而应该千方百计聘请一位称职的导师，要以身作则地尊重导师，并让全家都尊重他。导师本人除了学问以外，还要善于亲近学生，倾听学生的意见，要善于使学生用理智去思想，要能以身作则，要精通并娴习他所要教给学生的一切。洛克还提出了上帝问题作为德行的基础，要儿童爱上帝、服从上帝。这就暴露了他的两重性哲学思想中的客观唯心主义的一面。

写出体育和德育之后，他最后才写到智育。他认为德行和智慧比学问重要得多，前二者有助于学问，而徒有学问但无德行与智慧则反而无用。不要把读书当作一种任务强迫儿童去学，而要把读书当作一种游戏、消遣、光荣快乐的事情或对良好表现的奖励，他们就会自己要求学习的。儿童刚会说话时就可以在玩具上贴上字母，让他们在玩耍时学会字母；给他们的课本要选容易、有趣而又适合儿童能力的书，书中的乐趣就可促使他们前进；好奇心是一种求知欲，应当予以鼓励；要及早在约束最少的时候去了解儿童的气质；要重视儿童的兴趣，“因为儿童兴致好的时候，学习效率要好两三倍”，等等。此外，他还简单谈了其他各科教学法的要点，就是习字、图画、速记、法文、拉丁文、作诗、地理、算术、天文学、几何学、年代学、历史、伦理学、民法、法律、修辞学、逻辑、文体、自然哲学、希腊文、跳舞、音乐、击剑、旅行、园艺、细木工、技艺、商业算学等。可以看出，除了传说学科以外，他是重视实用学科以适应资产阶级社会的阶级需要的。最后，他还根据他的哲学观点特别指出：儿童是“一张白纸或一块蜡，是可以随心所欲地做成什么式样的”。

总之，洛克的《教育漫话》是一本饱含哲理而又写得深入浅出、生动感人的书。除了时代和阶级所带来的缺点以外，其他主张，如对教育力量的深刻信念、对父母的教育责任和早期教育的重视以及好些具体教育工作的见解，时至今日，还是可以发人深省的。

傅任敢　1981年于北京

肃然协助校毕于北京。

后 记

早在30年代，傅任敢教授即“有一个殷切的企图，就是要将域外教育经典著作译到我国来”。根据这个计划，前后几年中译出了《贤伉俪》、《大教授学》（后改译为《大教学论》）、《生活的科学》、《莉娜及其他》、《教育漫话》等多部世界教育名著。

“洛克的《教育漫话》是一本饱含哲理而又写得深入浅出、生动感人的教育学，除了时代和阶级的局限以外，某些主张如对教育力量的深刻信念、对父母的教育责任和早期教育的论述等等，今天仍然有着现实意义。”（见《湖南日报》1984年3月22日）所以自从1936年此书被商务印书馆列入“汉译世界名著”，出版及再版后，人民教育出版社又约请译者酌加修订，于1957年出版了新一版，1963年出版了新二版，1979年第三次印刷。1980年，年逾古稀的傅任敢教授虽然健康状况不佳，但仍坚持不懈，认真修改译文，因为他认为“原著是不朽之作，译文也应当经得起推敲，成为不朽的译著”。于是，在夫人杨仁女士的协助下最终定稿。1983年该修订稿纳入《傅任敢教育译著选集》，湖南教育出版社1983年出版，1985年此书被人民教育出版社列为“外国教育名著丛书”第四次印刷，1990年被台湾五南图书出版公司列为“教育经典译丛”，出版繁体字版本，后又再版。

傅译《教育漫话》从30年代到90年代末，“至少已有三代人读到他译的书，从中得到教益”（见《傅任敢校长纪念文集》）。现在，为了给教育工作者提供研究外国教育思想的理论著作，给师范院校提供教学参考书，使之更好地借鉴外国教育的经验，建立具有中国特色的教育体系，由教育科学出版社出版傅任敢教授最终定稿的版本，是颇为有益的。

敬　群

1999年于花园村

出 版 人　所广一
责任编辑　刘明堂
版式设计　郝晓红
责任校对　贾静芳
责任印制　叶小峰

图书在版编目（CIP）数据

教育漫话/（英）洛克著；傅任敢译. —2版. —北京：教育科学出版社，2014.12（2023.9重印）
（世界教育思想文库）
书名原文：Some thoughts concerning education
ISBN 978-7-5041-9054-3

Ⅰ. ①教…　Ⅱ. ①洛… ②傅…　Ⅲ. ①教育思想—英国—近代
Ⅳ. ①G40-095.61

中国版本图书馆CIP数据核字（2014）第215805号

世界教育思想文库
教育漫话
JIAOYU MANHUA

出版发行	教育科学出版社		
社　　址	北京·朝阳区安慧北里安园甲9号	市场部电话	010-64989009
邮　　编	100101	编辑部电话	010-64981167
传　　真	010-64891796	网　　址	http://www.esph.com.cn
经　　销	各地新华书店		
制　　作	北京广联信达文化发展有限公司	版　　次	1999年12月第1版
印　　刷	三河市兴达印务有限公司		2014年12月第2版
开　　本	720毫米×1020毫米　1/16	印　　次	2023年9月第11次印刷
印　　张	11.25	印　　数	29 001—31 000册
字　　数	150千	定　　价	32.00元